动物卫生监督执法案例示范与评析

李卫华　张衍海　主编

中国农业出版社

本书编写人员

主　　编　李卫华　张衍海

副 主 编　邓　勇　郑耀辉　夏永高　鲍　杰　马志强

编写人员　（按姓氏笔画排列）

马志强	王　红	王　栋	王媛媛	邓　勇
白成友	冯　涛	刘　飞	刘　倩	刘　雁
刘　静	刘志军	刘建华	刘树国	刘俊辉
孙晓东	李　昕	李　昂	李　鹏	李卫华
肖　颖	邱险峰	宋奎亮	张　杰	张衍海
陈东来	陈向武	范钦磊	庞　璞	郑云丹
郑增忍	郑耀辉	赵英光	郝峰强	贾智宁
夏永高	郭建梅	黄海楠	蒋正军	路　平
鲍　杰	翟海华			

主　　审　郑增忍

前　言

　　动物卫生监督执法工作是动物防疫工作的重要内容，是确保养殖业生产安全、动物产品质量安全、公共卫生安全和生态环境安全的重要保障。近年来，按照全面依法治国的战略部署，各级兽医部门进一步推进官方兽医制度建设，积极开展监督执法能力培训，官方兽医队伍的能力素质有了显著提高。为进一步规范执法行为，2012 年农业部修订了《农业行政执法文书制作规范》，实施新的动物卫生监督执法文书。基层官方兽医在文书制作等方面遇到了一些实际困难。2013 年前，我们组织了部分省份长期从事动物卫生监督执法工作的专家，陆续收集了 30 多件使用新文书的动物卫生监督执法案卷，并从中选取了涉及动物和动物产品检疫、屠宰、诊疗、兽药、饲料等内容的 5 个案卷，按照法律法规和新文书制作规范要求，对案卷内容和格式进行了补充、修改和完善，针对每个案例进行了评析，并针对该类型案件提出了一些监督执法注意事项。希望本书对动物卫生监督执法人员在执法办案和文书制作方面起到一定参考借鉴作用。

　　由于各地结合实际情况对文书格式进行了一定修改，案卷中一些内容比如文书归档序号等仍然存在一定差异。同时，受案卷编写人员能力水平等因素限制，书中不免有疏漏错误之处，请广大读者批评指正，以便及时修改完善。

编　者

2017 年 4 月

目　录

前言

经营依法应当检疫而未经检疫的动物案 ………………………………………… (1)
不按照国家规定的操作规程和技术要求屠宰生猪案 ………………………… (27)
未取得动物诊疗许可证从事动物诊疗活动案 ………………………………… (71)
经营劣兽药案 …………………………………………………………………… (106)
关于上海××饲料有限公司生产不符合产品质量标准的饲料案 …………… (155)

经营依法应当检疫而未经检疫的动物案

一、案情简介

2013 年 5 月 5 日下午，重庆市綦江区动物卫生监督所执法人员在例行检查时，在赶水镇适中街下场口，发现余××（兼驾驶员）不能为装运的山羊提供《动物检疫合格证明》。执法人员经电话请示綦江区动物卫生监督所所长同意立案调查。

经查，当事人于 2013 年 5 月 5 日下午，驾驶农用车（车牌号为辽 14/3A×××）以母山羊 13 元/市斤①、公山羊 15 元/市斤的价格，在綦江区赶水镇梅子村和马龙村共收购了 8 只山羊，未申报检疫，未取得《动物检疫合格证明》。现场勘验母山羊重 243 市斤，公山羊重 260.4 市斤。8 只山羊货值总金额为 7 065 元。

当事人经营依法应当检疫而未经检疫动物的行为违反了《中华人民共和国动物防疫法》第二十五条的规定。綦江区动物卫生监督所依据《中华人民共和国动物防疫法》第七十八条第一款之规定，并按照《重庆市动物卫生监督行政处罚自由裁量指导标准》第七条第一项的规定，对当事人做出罚款人民币 1 413 元的处罚决定。

二、案卷点评

这是一起通过检查发现当事人经营依法应当检疫而未经检疫的动物案件。本案有以下突出亮点。

一是调查取证充分。山羊的价格、来源认定有询问笔录及山羊专业技术协会出具的《山羊销售价格证明》，证据充分。

二是适用法律正确。在本案中，当事人运输的山羊符合补检程序，因此对其依法实施补检，并根据《中华人民共和国动物防疫法》第七十八条进行处理，适用法律正确。

三是文书制作规范。文书种类齐全，内容结构严谨，要素齐全，文书制作规范程度较高。

三、本案需要完善的地方

本案中只对当事人制作了《询问笔录》，还应对山羊出售方进行调查并立案查处。如本案案情复杂则应当通过物价局价格鉴证中心取得山羊销售价格。

---

① 市斤为非法定计量单位，1 市斤＝500 克。

案　卷

綦（动监）罚〔2013〕11号			
关于余××经营依法应当检疫而未经检疫动物案			
执行结果	当事人已将罚款缴纳指定银行，本案依法履行完毕。		
案件承办人	范××　李××	立卷人	何××
立案日期	2013年5月5日	结案日期	2013年5月22日
归档日期	2013年5月25日	档案编号	2013－30－11
本卷共29页		保管期限	长期
备注			

卷 内 目 录

	题　名	文书编号	日期	页号
1	行政处罚决定书	綦（动监）罚〔2013〕11 号	2013.5.13	1～4
2	行政处罚立案审批表	綦（动监）立〔2013〕11 号	2013.5.5	5
3	现场检查（勘验）笔录		2013.5.5	6
4	询问笔录		2013.5.5	7～9
5	证据材料登记表1		2013.5.5	10
6	证据材料登记表2		2013.5.6	11
7	案件处理意见书		2013.5.7	12～15
8	行政处罚事先告知书	綦（动监）告〔2013〕11 号	2013.5.7	16～17
9	送达回证		2013.5.7	18
10	陈述申辩笔录		2013.5.10	19
11	行政处罚决定审批表		2013.5.13	20
12	送达回证		2013.5.13	21
13	行政处罚结案报告		2013.5.22	22
14	案件登记表		2013.5.5	23
15	备考表		2013.5.25	24
16	驾驶证复印件		2013.5.5	25
17	非税收入一般缴款书（借方凭证）2		2013.5.21	26
18	现场检查照片打印件		2013.5.5	27～29

重庆市綦江区动物卫生监督所
行政处罚决定书

綦（动监）罚〔2013〕11号

当事人姓名： 余××   **性别：** 男   **年龄：** 33周岁

住址： ××省××县××镇××村×组××号

联系电话： 139××××1218

证件类型： 驾驶证   **证件号码：** 522×××××××120××12

当事人余××经营依法应当检疫而未经检疫动物一案，本所已依法调查结束。

2013年5月5日下午，本所执法人员例行检查，在赶水镇适中街下场口查获当事人余××（兼驾驶员）不能提供装运山羊的《动物检疫合格证明》。

经查明： 当事人余××于2013年5月5日下午，驾驶农用车（车牌号为辽14/3A×××）以母山羊13元/市斤，公山羊15元/市斤的价格，在綦江区赶水镇梅子村和马龙村共收购了8只山羊，未申报检疫，未取得《动物检疫合格证明》，运输到綦江区赶水镇适中街下场口时被本所动监执法人员查获。现场勘验母山羊重243市斤，公山羊重260.4市斤。8只山羊货值总金额为7 065元。

证据一： 对余××驾驶的车辆及车上装运的山羊进行现场检查勘验制作的《现场检查（勘验）笔录》，证明了当事人经营依法应当检疫而未经检疫的山羊8只，不能提供《动物检疫合格证明》，用于运输的农用车车牌号为辽14/3A×××。执法人员勘验山羊重量，4只母山羊，重量为243市斤，4只公山羊，重量为260.4市斤。

证据二： 对当事人余××进行现场询问制作的《询问笔录》，证明了当事人余××的违法行为属于个人行为，在綦江区赶水镇梅子村、马龙村收购山羊前未按规定申报检疫。山羊价格为母山羊13元/市斤，公山羊15元/市斤，8只山羊货值金额为7 065元。

证据三： 重庆市綦江区赶水镇适中山羊专业技术协会出具的《山羊销售价格证明》，印证了当事人8只山羊的货值金额。

证据四： 当事人的驾驶证复印件证明了当事人的身份。

证据五： 执法人员在现场检查时拍摄的照片，证明了当事人运输山羊的事实。

本所认为： 当事人余××经营依法应当检疫而未经检疫动物的行为，证据确凿，事实清楚。其行为违反了《中华人民共和国动物防疫法》第二十五条"禁止屠宰、经营、运输下列动物和生产、经营、加工、贮藏、运输下列动物产品：（三）依法应当检疫而未经检疫或者检疫不合格的"规定。当事人装运的8只山羊，结合《现场检查（勘验）笔录》《询问笔录》，查明产地是綦江区赶水镇梅子村、马龙村，临床检查健康，畜禽标识符合农业部《畜禽标识和养殖档案管理办法》规定。依照《动物检疫管理办法》第四十条"依法应当检疫而未经检疫的动物，由动物卫生监督机构依照本条第二款规定补检，并依照《中华人民共和国动物防疫法》处理处罚。符合下列条件的，由动物卫生监督机构出具《动物检疫合格证明》：（一）畜禽标识符合农业部规定、（二）临床检查健康"的规定。经官方兽医实施补检，出具了《动物检疫合格证明》。

本所于 2013 年 5 月 7 日向当事人下达了《行政处罚事先告知书》［綦（动监）告〔2013〕11号〕。当事人收到《行政处罚事先告知书》后，于 5 月 10 日进行了陈述申辩，表示立即改正违法行为，要求减轻处罚，今后不再违法。经审查，当事人不符合《中华人民共和国行政处罚法》第二十七条"当事人有下列情形之一的，应当依法从轻或者减轻行政处罚：（一）主动消除或者减轻违法行为危害后果的；（二）受他人胁迫有违法行为的；（三）配合行政机关查处违法行为有立功表现的；（四）其他依法从轻或者减轻行政处罚的"的规定。对其当事人要求减轻处罚的申辩不予采纳。

依据《中华人民共和国动物防疫法》第七十六条规定："违反本法第二十五条规定，屠宰、经营、运输动物或者生产、经营、加工、贮藏、运输动物产品的，由动物卫生监督机构责令改正、采取补救措施，没收违法所得和动物、动物产品，并处同类检疫合格动物、动物产品货值金额一倍以上五倍以下罚款；其中依法应当检疫而未经检疫的，依照本法第七十八条的规定处罚。"

第七十八条第一款："屠宰、经营、运输的动物未附有检疫证明，经营和运输的动物产品未附有检疫证明、检疫标志的，由动物卫生监督机构责令改正，处同类检疫合格动物货值金额百分之十以上百分之五十以下罚款；对货主以外的承运人处运输费用一倍以上三倍以下罚款。"

鉴于当事人用自备车辆装运动物，当事人与承运人为同一人（货主以外无承运人）的客观事实，涉案后能够积极配合补检，及时主动改正违法行为，而且此前无违反《中华人民共和国动物防疫法》等违法记录的情形，适用于《重庆市动物卫生监督行政处罚自由裁量指导标准》第七条第一项规定："违法行为人主动改正违法行为，或涉案数量较少，或此前无违反《中华人民共和国动物防疫法》等违法记录，或无其他违反《中华人民共和国动物防疫法》等行为。货主以外的承运人能够及时主动改正，或此前无违反《中华人民共和国动物防疫法》等违法记录"的情形。对此情形，自由裁量标准要求按照"处货值金额百分之十以上百分之二十以下的罚款，对货主以外承运人处运输费用一倍罚款"进行处罚。因当事人既是货主又是承运人，对其经营依法应当检疫而未经检疫动物的违法行为，按照"处货值金额百分之十以上百分之二十以下的罚款"的上限进行处罚，即处货值金额百分之二十的罚款。

本所责令当事人立即改正违法行为，并作出如下处罚决定：

罚款人民币 1 413 元。

当事人必须在收到本处罚决定书之日起 15 日内持本决定书到重庆市农村商业银行綦江支行缴纳罚款。逾期不按规定缴纳罚款的，每日按罚款数额的 3％加处罚款。

当事人对本处罚决定不服的，可以在收到本处罚决定书之日起 60 日内向重庆市綦江区农业委员会申请行政复议；或者三个月（现在应为六个月）内向重庆市綦江区人民法院提起行政诉讼。行政复议和行政诉讼期间，本处罚决定不停止执行。

当事人逾期不申请行政复议或提起行政诉讼，也不履行本行政处罚决定的，本机构将依法申请人民法院强制执行。

重庆市綦江区动物卫生监督所
2013 年 5 月 13 日

行政处罚立案审批表

綦（动监）立〔2013〕11号

案件来源	检查发现			受案时间	2013年5月5日	
案　由	涉嫌经营依法应当检疫而未经检疫的动物案					
当事人	个人	姓名	余××		电话	193×××1218
		性别	男	年龄 33周岁	身份证号	522×××××××120××12
		住址	××省××县××镇××村一组1—15号			
	单位	名称		法定代表人（负责人）		
		地址		电话		
简要案情	2013年5月5日下午，綦江区动物卫生监督所执法人员在赶水镇适中街例行检查，查获当事人余××（兼驾驶员）用一辆农用车（车牌号为辽14/3A×××）装载8只山羊。当事人余××不能提供该批山羊的《动物检疫合格证明》。 受案人签名：李×× 2013年5月5日					
受案人意见	当事人余××的行为涉嫌违反了《中华人民共和国动物防疫法》第二十五条第三项规定。 　　建议立案调查。 签名：李×× 2013年5月5日					
审核人员意见	同意立案查处，请李××、范××办理。 签名：张×× 2013年5月5日					
动物卫生监督所意见	同意立案查处。 签名：刘×× 2013年5月5日					
备注						

现场检查（勘验）笔录

时间：<u>2013</u> 年<u>5</u> 月<u>5</u> 日<u>17</u> 时<u>50</u> 分至<u>18</u> 时<u>20</u> 分

检查（勘验）地点：<u>重庆市綦江区赶水镇适中街下场口</u>

当事人：<u>余××</u>

检查（勘验）机构：<u>重庆市綦江区动物卫生监督所</u>

检查（勘验）人员：<u>李××</u>　　　**执法证件号**：<u>农业执法　19017</u>

　　　　　　　　　　<u>范××</u>　　　**执法证件号**：<u>农业执法　19016</u>

记录人（签名）：<u>范××</u>

现场检查（勘验）情况：綦江区动物卫生监督所执法人员李××、范××在出示执法证件后，对停靠在赶水镇适中街下场口装运山羊的农用车（车牌号为辽 14/3A×××）进行现场检查勘验：

货主余××（兼驾驶员）装运 8 只山羊，不能提供《动物检疫合格证明》。该批山羊经临床检查健康，畜禽标识佩戴齐全，号码分别为：3500222－00060491、3500222－00060528、3500222－00060497、3500222－00060511、3500222－00060475、3500222－00060524、3500222－00060542、3500222－00060510。

4 只母山羊重量是 243 市斤，4 只公山羊重量是 260.4 市斤。

执法人员对运输车辆、装载的山羊、山羊畜禽标识和货主余××进行了拍照，对余××的驾驶证进行了复印。

以下无内容

当事人签名或盖章：余××　　　　　　　　　　　　　（见证人签名或盖章：　　　　　　　　）

执法人员签名或盖章：李××　范××

（共 1 页第 1 页）

询 问 笔 录

询问时间：<u>2013</u> 年<u>5</u> 月<u>5</u> 日<u>18</u> 时<u>30</u> 分至<u>18</u> 时<u>56</u> 分

询问地点：<u>綦江区赶水镇畜牧兽医站××分站办公室</u>

询问机构：<u>重庆市綦江区动物卫生监督所</u>

询问人：<u>李××</u>　　执法证号：<u>190×××17</u>

　　　　<u>范××</u>　　执法证号：<u>190×××16</u>

记录人：<u>范××</u>

被询问人：姓名：<u>余××</u>　　性别：<u>男</u>　　年龄：<u>33 周岁</u>

身份证号：<u>522××××××××120××12</u>　　联系电话：<u>139×××1218</u>

住址：<u>××省××县××镇××村一组 1－15 号</u>

问：我们是<u>重庆市綦江区动物卫生监督所</u>执法人员，这是我们的执法证件，范××，执法证号 190×××16，李××，执法证号 190×××17，请你确认。现依法向你进行询问调查。你应当如实回答我们询问的问题并协助调查，作伪证要承担法律责任，你听清楚了吗？

答：我已看了你们的证件，听清楚了。

问：你是否申请执法人员回避对你的询问？

答：不申请回避。

问：农用车（车牌号为辽 14/3A×××）上装运的 8 只山羊是谁的？

答：是我的。

问：农用车是谁在驾驶？

当事人签名或盖章：余××　　　　　　　　　　　　（见证人签名或盖章：　　　　　　）

执法人员签名或盖章：李××　范××

笔 录 纸

答： 车是我的，我也是驾驶员。

问： 请说一下你的基本情况。

答： 我叫余××，男，汉族，33 周岁，驾驶证号码是 522×××××××××120××12，家住××省××县××镇××村一组 1—15 号，是收购、经营山羊的个体户。

问： 请说一下你车上装载山羊的具体情况。

答： 2013 年 5 月 5 日下午我开车先到赶水镇梅子村收购了母山羊 4 只，公山羊 3 只，后又到马龙村收购了公山羊 1 只，准备运往××省××县卖，结果在赶水镇适中街下场口就被你们查到了。

问： 你在收购这批山羊时是否申报并取得了《动物检疫合格证明》？

答： 没有申报检疫，没有《动物检疫合格证明》。

问： 你知道要凭检疫证明收购、运输动物吗？

答： 我知道，但是由于时间紧，没来得及报检。

问： 你今天收购的山羊重量是多少？

答： 母山羊重量为 243 市斤，公山羊重量为 260.4 市斤。

问： 收购山羊的价格是多少？

答： 母山羊 13 元/市斤，公山羊 15 元/市斤，8 只山羊一共花了 7 065 元。

问： 以上笔录你看后是否需要补充？

答： 不需要补充。

当事人签名或盖章：余××　　　　　　　　　　　　（见证人签名或盖章：　　　　　　　）

执法人员签名或盖章：李××　范××

（共 3 页第 2 页）

笔 录 纸

问：以上笔录你看后是否属实？请确认。

答：我已看过，属实。

以下无内容

当事人签名或盖章：余××   （见证人签名或盖章：   ）

执法人员签名或盖章：李×× 范××

（共 3 页第 3 页）

证据材料登记表 1

（相关证据材料附后）
运输车辆、装载的山羊、耳标和货主余××现场照片4张；
货主余××驾驶证复印件一份。

证据收集说明：
提供人：当事人现场
收集人：李××　范××
收集时间：2013年5月5日
收集地点：赶水镇适中街下场口
收集方式：现场拍摄
证据内容：现场照片

证据材料登记表 2

（相关证据材料附后）
山羊销售价格证明 1 份。

证据收集说明：
提供人：綦江区赶水镇适中山羊专业技术协会
收集人：李×× 范××
收集时间：2013 年 5 月 6 日
收集地点：綦江区赶水镇适中山羊专业技术协会办公室
收集方式：官方兽医调查
证据内容：山羊销售价格证明

案件处理意见书

案　由						经营依法应当检疫而未经检疫的动物案	
当事人	个人	姓名				余××	
		性别	男	年龄	33周岁	电话	139×××1218
		住址				××省××县××镇××村一组1—15号	
案件调查经过		2013年5月5日下午，綦江区动物卫生监督所对当事人余××涉嫌经营依法应当检疫而未经检疫山羊的行为进行了立案，由执法人员李××、范××进行了调查取证。对当事人余××驾驶的车辆及车上装运的山羊进行了现场检查勘验，制作了《现场检查（勘验）笔录》；对当事人余××进行了现场询问，制作了《询问笔录》；对运输车辆、装载的山羊和货主余××进行了拍照，对余××的驾驶证进行了复印；对綦江区赶水镇适中山羊专业技术协会进行了同期销售山羊的价格调查，该协会出具了"山羊销售价格证明"。					
所附证据材料		1.《现场检查（勘验）笔录》1份； 2.《询问笔录》1份； 3.山羊价格调查证明1份； 4.驾驶证复印件1份； 5.运输车辆、装载的山羊、耳标和货主余××现场照片4张。					

<table>
<tr>
<td rowspan="1">调
查
结
论
及
处
理
意
见</td>
<td>

经调查，当事人的违法行为属于个人违法行为。

现查明：当事人余××于2013年5月5日下午，驾驶农用车（车牌号为辽14/3A×××）在綦江区赶水镇的梅子村和马龙村共收购了8只山羊，未申报检疫，未取得《动物检疫合格证明》，运输到綦江赶水镇适中街下场口时被綦江区动物卫生监督所执法人员查获。当事人余××经营依法应当检疫而未经检疫山羊的行为，涉嫌违反《中华人民共和国动物防疫法》第二十五条"禁止屠宰、经营、运输下列动物和生产、经营、加工、贮藏、运输下列动物产品：（三）依法应当检疫而未经检疫或者检疫不合格的"规定。

该批山羊畜禽标识符合农业部规定，临床检查健康，符合《动物检疫管理办法》第四十条"依法应当检疫而未经检疫的动物，由动物卫生监督机构依照本条第二款规定补检，并依照《中华人民共和国动物防疫法》处理处罚。符合下列条件的，由动物卫生监督机构出具《动物检疫合格证明》：（一）畜禽标识符合农业部规定；（二）临床检查健康"规定的补检条件。该批山羊已经官方兽医补检合格，出具《动物检疫合格证明》。

依照《中华人民共和国动物防疫法》第七十六条"违反本法第二十五条规定：'禁止屠宰、经营、运输下列动物和生产、经营、加工、贮藏、运输下列动物产品：（三）依法应当检疫而未经检疫或者检疫不合格的'"。"其中依法应当检疫而未检疫的，依照本法第七十八条的规定处罚"。第七十八条"违反本法规定，屠宰、经营、运输的动物未附有检疫证明，经营和运输的动物产品未附有检疫证明、检疫标志的，由动物卫生监督机构责令改正，处同类检疫合格动物、动物产品货值金额百分之十以上百分之五十以下罚款；对货主以外的承运人处运输费用一倍以上三倍以下罚款"之规定。

鉴于当事人用自备车辆装运动物，当事人与承运人为同一人（货主以外无承运人）的客观事实，涉案后能够积极配合补检，及时主动改正违法行为，而且此前无违反《中华人民共和国动物防疫法》等违法记录的情形，适用于《重庆市动物卫生监督行政处罚自由裁量指导标准》第7条（1）规定："违法行为人主动改正违法行为，或涉案数量较少，或此前无违反《中华人民共和国动物防疫法》等违法记录，或无其他违反《中华人民共和国动物防疫法》等行为。货主以外的承运人能够及时主动改正，或此前无违反《中华人民共和国动物防疫法》等违法记录"的情形。对此情形，自由裁量标准要求按照"处货值金额百分之十以上百分之二十以下的罚款，对货主以外承运人处运输费用一倍罚款"进行处罚。当事人既是货主又是承运人，对其经营依法应当检疫而未经检疫动物的违法行为，按照"处货值金额百分之十以上百分之二十以下的罚款"的上限进行处罚，即处货值金额百分之二十的罚款。

綦江区赶水镇适中山羊专业技术协会出具的山羊销售价格证明价格与当事人陈述的价格一致，即母山羊13元/市斤，公山羊15元/市斤。现场勘验母山羊重243市斤，公山羊重260.4市斤。8只山羊货值总金额为7 065元。

建议处货值金额百分之二十即人民币1 413元的罚款。

执法人员签名：李×× 范××

2013年5月7日

</td>
</tr>
</table>

审核人员意见	同意执法人员处理意见。 签名：张×× 2013 年 5 月 7 日
动物卫生监督所意见	同意执法人员处理意见。 签名：刘×× 2013 年 5 月 7 日

重庆市綦江区动物卫生监督所
行政处罚事先告知书

綦（动监）告〔2013〕11号

余××：

经调查，你于2013年5月5日，驾驶车牌号为辽14/3A×××的农用车，在綦江区赶水镇梅子村收购了山羊7只（母山羊4只，公山羊3只），在马龙村收购了公山羊1只，并运输至赶水镇适中街下场口。你收购山羊未向当地动物卫生监督部门申报检疫，未取得《动物检疫合格证明》，经营了依法应当检疫而未经检疫的动物。收购的母山羊价格为13元/市斤，公山羊价格为15元/市斤，8只山羊总重量是503.5市斤，货值金额为7 065元。

你经营依法应当检疫而未经检疫动物的行为，违反了《中华人民共和国动物防疫法》第二十五条"禁止屠宰、经营、运输下列动物和生产、经营、加工、贮藏、运输下列动物产品：（三）依法应当检疫而未经检疫或者检疫不合格的"规定，你的违法行为事实清楚，证据确凿。

依据《中华人民共和国动物防疫法》第七十六条规定："违反本法第二十五条规定，屠宰、经营、运输动物或者生产、经营、加工、贮藏、运输动物产品的，由动物卫生监督机构责令改正、采取补救措施，没收违法所得和动物、动物产品，并处同类检疫合格动物、动物产品货值金额一倍以上五倍以下罚款；其中依法应当检疫而未检疫的，依照本法第七十八条的规定处罚。"第七十八条第一款规定："屠宰、经营、运输的动物未附有检疫证明，经营和运输的动物产品未附有检疫证明、检疫标志的，由动物卫生监督机构责令改正，处同类检疫合格动物货值金额百分之十以上百分之五十以下罚款；对货主以外的承运人处运输费用一倍以上三倍以下罚款"。

你用自备车辆装运动物，涉案后能够积极配合补检，及时主动改正违法行为，而且此前无违反《中华人民共和国动物防疫法》等违法记录，按照《重庆市动物卫生监督行政处罚自由裁量指导标准》的规定，处货值金额百分之二十的罚款。我所拟对你作出如下处罚决定：

罚款人民币1 413元。

根据《中华人民共和国行政处罚法》第三十一条、第三十二条的规定，你可在收到本告知书之日起三日内向本机构进行陈述申辩，逾期不陈述申辩的，视为你放弃上述权利。

重庆市綦江区动物卫生监督所
2013年5月7日

重庆市綦江区动物卫生监督所地址：綦江区文龙街道九龙大道14号
邮政编码：401420
联系人：熊××　　　　　联系电话：023-48××××13

送 达 回 证

案　由	经营依法应当检疫而未经检疫的动物案				
受送达人	余××				
送达单位	重庆市綦江区动物卫生监督所				
送达文书及文号	送达地点	送达人	送达方式	收到日期	收件人签名
行政处罚事先告知书綦（动监）告〔2013〕11号	××镇畜牧兽医站	李×× 范××	直接送达	2013年5月7日	余××
以下空白					
备　注					

17

陈 述 申 辩 笔 录

当事人：余××

陈述申辩时间：2013 年 5 月 10 日 10 时 50 分至 11 时 05 分

陈述申辩地点：綦江区××镇畜牧兽医站办公室

记录人：范××

陈述申辩内容：

我收到贵所送达的《行政处罚事先告知书》綦（动监）告〔2013〕11 号文书后，得知要处罚我 1 413 元人民币。我愿意立即改正违法行为，要求减轻处罚，今后不再违法。

以下无内容

陈述申辩人签名或盖章：余××　　　　2013 年 5 月 10 日

执法人员签名或盖章：李××　范××　　2013 年 5 月 10 日

行政处罚决定审批表

案　由	经营依法应当检疫而未经检疫的动物案				
当事人	姓名	余××			
	性别	男	年龄	33 周岁	电话	139××××××
	住址	××省××县××镇××村一组 1—15 号			
	身份证号	522×××××××120××12			
陈述 申辩 或 听证 情况	当事人在 2013 年 5 月 7 日收到《行政处罚事先告知书》綦（动监）告〔2013〕11 号后，于 5 月 10 日进行了陈述申辩。 　　当事人表示要立即改正违法行为，今后不再违法，要求减轻对他的处罚。				
处理 意见	经审查，当事人不符合《中华人民共和国行政处罚法》第二十七条关于依法从轻或者减轻行政处罚规定的情形，对其要求减轻处罚的申辩不予采纳，建议维持《行政处罚事先告知书》綦（动监）告〔2013〕11 号中的处罚内容。 　　　　　　　　　　　　　　　　办案人员签名：李××　范×× 　　　　　　　　　　　　　　　　　　　　　　　　2013 年 5 月 13 日				
审核 人员 意见	同意执法人员处理意见。 　　　　　　　　　　　　　　　　审核人员签名：张×× 　　　　　　　　　　　　　　　　　　　　　　　　2013 年 5 月 13 日				
动物 卫生 监督所 意见	同意执法人员处理意见。 　　　　　　　　　　　　　　　　审核人员签名：刘×× 　　　　　　　　　　　　　　　　　　　　　　　　2013 年 5 月 13 日				

送 达 回 证

案　由	经营依法应当检疫而未经检疫的动物案					
受送达人	余××					
送达单位	重庆市綦江区动物卫生监督所					
送达文书及文号	送达地点	送达人	送达方式	收到日期	收件人签名	
行政处罚决定书 綦（动监）罚〔2013〕11号	××镇畜牧兽医站	李×× 范××	直接送达	2013年5月13日	余××	
以下空白						
备注						

行政处罚结案报告

案　由	经营依法应当检疫而未经检疫的动物案		
当事人	余××		
立案时间	2013 年 5 月 5 日	处罚决定 送达时间	2013 年 5 月 13 日

处罚决定及执行情况：

　　当事人已依法履行处罚决定，将罚款按时缴纳指定银行，建议结案。

办案人员签名：李××　范××

2013 年 5 月 22 日

审核 人员 意见	同意结案。 审核人员签名：张×× 2013 年 5 月 22 日
动物卫生 监督所 意　见	同意结案。 审核人员签名：刘×× 2013 年 5 月 22 日

案 件 登 记 表

案件来源	检查发现	登记时间	2013 年 5 月 5 日
联系人	熊××	单 位	綦江区动物卫生监督所
地 址	綦江区文龙街道 九龙大道 14 号	联系电话	023—48××××13
主要 情况	2013 年 5 月 5 日 17 时 50 分，綦江区动物卫生监督所执法人员在赶水镇适中街下场口巡查时，发现一辆农用车（车牌号为：辽 14/3A×××）装运 8 只山羊。执法人员例行检查，货主是余××，不能提供山羊的《动物检疫合格证明》。		
记录人 意见	报綦江区动物卫生监督所所长批示立案调查。 签 名：熊×× 2013 年 5 月 5 日		
备注			

备 考 表

本案卷包括使用的执法文书及罚没收据存根清单，共 30 页。

立卷人：董××

2013 年 5 月 25 日

本案卷执法文书及相关证据归档完整，符合要求。

检查人：熊××

2013 年 5 月 25 日

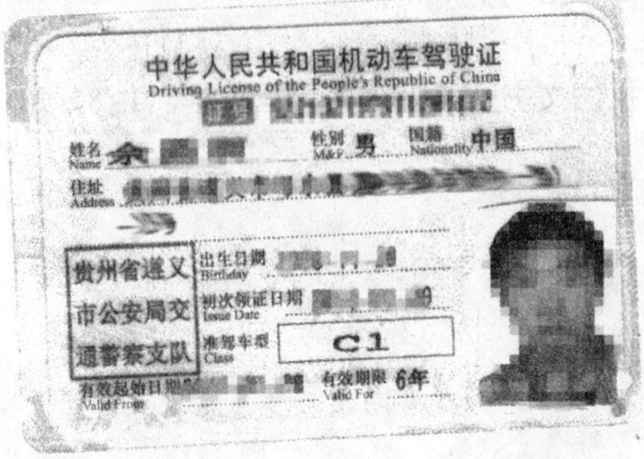

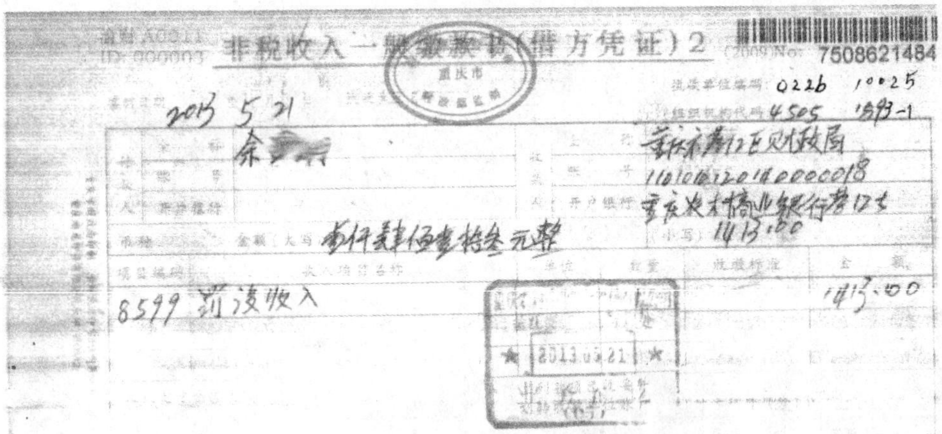

现场检查照片打印件

照片内容：当事人余××

照片内容：当事人余××装运山羊的车辆（拍摄于 2013 年 5 月 5 日）

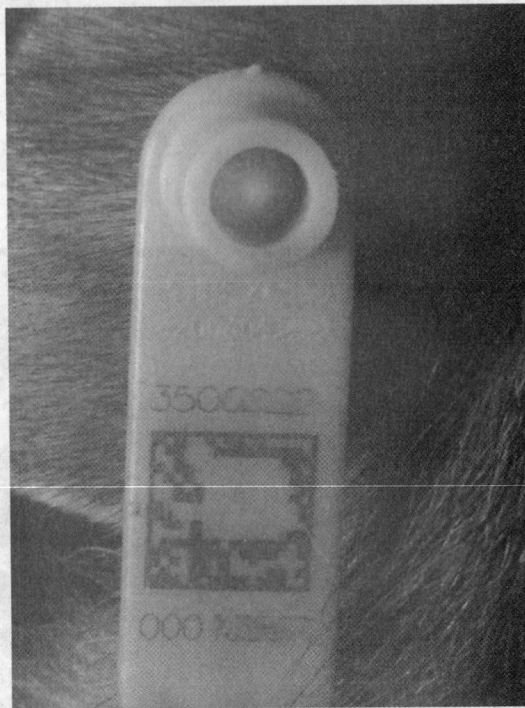

照片内容：当事人余××装运山羊的耳标 1

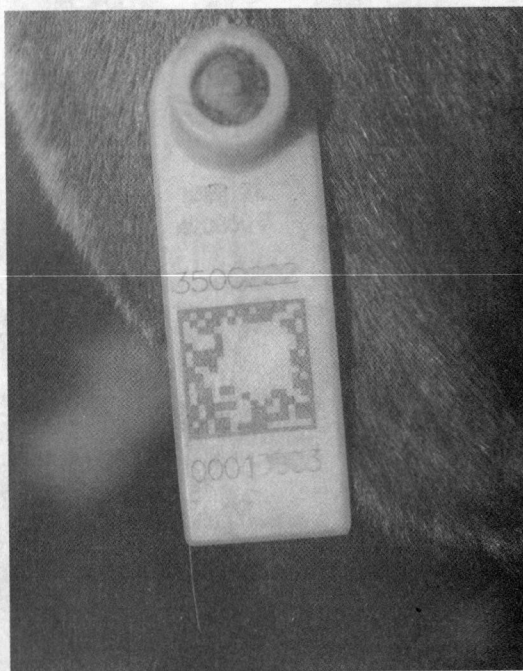

照片内容：当事人余××装运山羊的耳标 2

备注：

本案卷编辑人员：邓勇　李卫华

不按照国家规定的操作规程和技术要求
屠宰生猪案

一、案情简介

（一）概况

2015年8月31日，成都市农业综合执法总队接到群众举报，称彭州市天彭镇××屠宰厂在生猪屠宰过程中每天晚上12点以后有注水行为，成都市农业综合执法总队领导高度重视，要求组织专案组进行调查处理。专案组在9月3日、9月5日夜间蹲点摸排的基础上，决定于9月7日对彭州市天彭镇××屠宰厂进行突击检查。

（二）办案经过

9月7日凌晨，成都市农业综合执法总队执法人员对彭州市天彭镇××屠宰厂进行突击检查。现场没有发现对生猪和生猪产品注水的行为。检查中发现在宰杀现场猪头、蹄、内脏散落在地面；生猪屠宰各类记录不完善，不能提供当天的肉品检验记录、无害化处理记录、瘦肉精检验记录及肉品出场记录。执法人员进行了现场检查（勘验）和摄像、照相取证，并对当事人的代理人进行了询问，依法收集了营业执照、生猪屠宰生产记录等相关证据。

通过调查取证，认定当事人不按照国家规定的操作规程和技术要求屠宰生猪属实，其行为违反了《生猪屠宰管理条例》第十一条之规定，应当给予行政处罚。成都市农业委员会于2015年9月21日向当事人送达了《行政处罚事先告知书》，在规定时间内当事人未提出陈述申辩和听证。依据《生猪屠宰管理条例》第二十五条以及《四川省商务厅行政处罚自由裁量权参照实施标准》（川商法〔2009〕4号）之规定，2015年9月25日，成都市农业委员会责令彭州市天彭镇××屠宰厂立即改正违法行为，并作出"罚款2万元人民币"的行政处罚决定。

（三）处理结果

2015年9月25日，当事人向指定银行缴纳了罚款。2015年9月27日，成都市农业综合执法总队对当事人整改情况进行检查，当事人已全部整改合格。

二、案卷点评

本案是一起典型的不按照国家规定的操作规程和技术要求屠宰生猪案。目前，各地的一些生猪定点屠宰厂（场）采用"代宰"模式，个别企业内部管理不规范，生猪定点屠宰管理相关制度落实不到位，猪肉产品质量安全存在隐患。应加强对生猪定点屠宰厂（场）屠宰过程的全程监督管理，加大监督执法力度，确保猪肉产品质量安全。

（一）主体适格

执法主体适格。长期以来，商务部门负责生猪屠宰监督执法，本案集体讨论时，有人提出在《生猪屠宰管理条例》修改前，由农业部门作出行政处罚决定主体错误。根据第十二届全国人大一次会议表决通过的《国务院机构改革和职能转变方案》和中央编办有关文件，商务部的生猪屠宰监督管理职责划入农业部，省、市相关部门也完成了生猪屠宰监督管理职责划转。依据《中共成都市委、成都市人民政府关于全市政府职能转变和机构改革的实施意见》（成委发〔2014〕15号）文件精神，成都市生猪屠宰监督管理职责已移交成都市农业委员会，成都市农业综合执法总队受委托承担生猪屠宰行政执法职责，由农业部门作出行政处罚决定主体适格。

被处罚主体认定准确。本案当事人为彭州市天彭镇××屠宰厂，其营业执照类型为个体工商户，根据《最高人民法院关于适用〈中华人民共和国民事诉讼法〉的解释》（法释〔2015〕5号）"以营业执照上登记的经营者为当事人。有字号以字号为当事人，但应在括号内注明经营者的基本信息"。本案当事人字号为彭州市天彭镇××屠宰厂，经营者为魏××，所以文书中表述当事人为"彭州市天彭镇××屠宰厂（魏××）"，文书中称"该屠宰场的经营者"而不是"该屠宰场的法定代表人或负责人"。

（二）事实清楚、证据确凿

接到群众举报后，执法人员在前期摸排的基础上，及时对彭州市天彭镇××屠宰厂进行突击检查，对本案的处理，执法人员做了大量细致的调查工作，证据充分，违法事实认定准确，为本案的成功办理奠定了基础。

（三）适用法规正确，处罚适当

《肉类加工厂卫生规范》（GB12694—1990）7.3.6规定"肉畜屠宰时应做到胴体、内脏、头蹄不落地"，当事人在屠宰生猪过程中内脏、头蹄落地的行为违反了《生猪屠宰管理条例》第十一条，处罚机关根据该条例第二十五条第（一）项，参照《四川省商务厅行政处罚自由裁量权参照实施标准》（川商法〔2009〕4号）的规定作出行政处罚决定，适用法规正确，处罚适当。

（四）程序合法，文书规范

该案从立案、调查取证、案件处理等均按照《中华人民共和国行政处罚法》、《农业行政处罚程序规定》和《农业行政执法文书制作规范》等相关法律规范的规定办理。本案处罚金额符合《四川省行政处罚听证程序暂行规定》规定的听证程序，事先告知书明确告知了当事人有申请听证的权利。值得一提的是，2015年5月1日起施行的《中华人民共和国行政诉讼法》第四十六条规定："公民、法人或者其他组织直接向人民法院提起诉讼的，应当自知道或者应当知道作出行政行为之日起六个月内提出。法律另有规定的除外。"所以本案行政处罚决定书中明确告知当事人提起行政诉讼的期限为六个月。

（五）及时备案

根据《四川省重大行政处罚行政强制备案规定》，本案对当事人罚款2万元，属于重大行政处罚，本案在作出处罚决定之日起15日内将作出的决定书和必要的说明材料报送成都市法制办和省农业厅备案。

三、注意事项

（一）执法依据问题

本案发生在2015年9月7日，《生猪屠宰管理条例》尚未修改，所以《行政处罚事先告知书》和《行政处罚决定书》中明确载明了生猪屠宰监督管理职责划转的相关依据。2016年2月6日，《国务院关于修改部分行政法规的决定》对《生猪屠宰管理条例》进行了修订，根据新条例，县级以上地方人民政府畜牧兽医行政主管部门负责本行政区域内生猪屠宰活动的监督管理。但是，多数地方仍然尚未制定自由裁量权标准，行政处罚时仍可参照原商务部门行政处罚自由裁量权标准实施行政处罚。

（二）生猪定点屠宰证的有效问题

该案中彭州市天彭镇××屠宰厂的生猪定点屠宰证是 2008 年由彭州市商务部门颁发的，有效期为两年。由于商务部 2000 年起对生猪定点屠宰进行压缩整改，重新布局，商务部门一直认可原来颁发的定点屠宰证有效，造成一些企业许可证到期未重新发证。生猪屠宰管理中，"压点"是重要任务之一，在"压点"期间，拟被取消的屠宰场各地会暂不发新证，但"压点"落实之前，这些企业的屠宰活动不能简单认定为"未经定点从事生猪屠宰活动"。

（三）案件集体讨论权限问题

本案对当事人罚款 2 万元，符合《四川省行政处罚听证程序暂行规定》中规定的较大数额罚款，应当由行政处罚机关负责人集体讨论决定。各地对案件集体讨论规定各不相同，根据《成都市农业委员会重大案件审理决定制度》，拟作出的行政处罚，没收违法财产、没收违法所得和罚款总金额合计在 10 万元（含 10 万元）以上的案件由成都市农业委员会重大案件审理委员会集体研究决定。所以本案由成都市农业综合执法总队集体讨论并作出案件审查委员会决定。

（四）补充文书的应用

在行政执法中，各地会根据案件需要使用《农业行政执法文书制作规范》规定的基本文书以外的文书。本案使用了《证据登记保存审批表》、《照片粘贴表》、《调查报告》、《案件审查委员会决定》和《案件审查会议纪要》等补充文书，值得一提的是，不能用《案件审查委员会决定》和《案件审查会议纪要》代替《案件集体讨论记录》，《案件集体讨论记录》应如实记载参加讨论人员发表的意见。

卷

农业行政处罚卷宗

处罚机关	成都市农业委员会		
案　　号	成农（屠）罚〔2015〕1号		
题　　名	关于彭州市天彭镇××屠宰厂（魏××）不按照国家规定的操作规程和技术要求屠宰生猪案		
承办人	白××　　阮××		
立案时间	2015年9月8日	结案时间	2015年9月28日
处理结果	处2万元人民币的罚款。		
卷内页数		43页	
归档日期	2015年9月28日	保管期限	永久

卷 内 目 录

序号	题 名	页号	备注
1	行政处罚决定书（成农（屠）罚〔2015〕1号）	1～3	
2	行政处罚立案审批表（成农（屠）立〔2015〕1号）	4～5	
3	询问笔录	6～8	
4	现场检查（勘验）笔录	9	
5	证据登记保存审批表	10	
6	证据登记保存清单	11	
7	登记保存物品处理通知书	12	
8	照片粘贴表	13～15	
9	生猪定点屠宰厂（场）宰前检验记录、生猪宰后检疫检验原始记录、生猪定点屠宰厂（场）宰后检验记录	16～18	复印件
10	关于彭州市生猪定点屠宰厂（场）资格证的说明	19	
11	成都市农业综合执法总队（市动物卫生监督所）电话记录单	20	
12	营业执照	21	复印件
13	生猪定点屠宰资格证	22	复印件
14	居民身份证	23～24	复印件
15	委托书	25	
16	关于彭州市天彭镇××屠宰厂不按照国家规定的操作规程和技术要求屠宰生猪案的调查报告	26～28	

（续）

序号	题　名	页号	备注
17	成都市农业综合执法总队案件审查委员会决定（2015年第1号）	29～30	
18	成都市农业综合执法总队案件审查会议纪要	31	
19	案件处理意见书	32～34	
20	行政处罚事先告知书（成农（屠）告〔2015〕1号）	35～36	
21	行政处罚决定审批表	37～38	
22	四川省行政刑事处罚罚没票据	39	
23	送达回证	40～41	
24	行政处罚结案报告	42	
25	备考表	43	

成都市农业委员会
行政处罚决定书

成农（屠）罚〔2015〕1号

当事人：彭州市天彭镇××屠宰厂

经营者：魏××

地址：彭州市天彭镇××××

个体工商注册号：51018260021××××

生猪定点屠宰资格证号：川蓉彭屠准字第××号

2015年9月7日，成都市农业综合执法总队执法人员对彭州市天彭镇××屠宰厂进行突击检查。检查发现宰杀现场猪头、蹄、内脏散落在地面；生猪屠宰各类记录不完善，不能提供当天的肉品检验记录、无害化处理记录、瘦肉精检验记录及肉品出场记录，执法人员进行了现场检查勘验和摄像、照相取证。2015年9月8日，经本机关负责人批准立案调查。

经调查，现已查明：

当事人有不按照国家规定的操作规程和技术要求屠宰生猪的行为，从现场执法检查情况看，屠宰厂宰杀现场存在猪头、蹄、内脏散落在地面。当事人的代理人李××在询问笔录承认上述事实，并承认主要是屠宰厂管理不够规范，生猪屠宰制度落实不好，管理人员履职不到位造成的。

以上事实主要证据如下：

证据1：彭州市天彭镇××屠宰厂营业执照、生猪定点屠宰证复印件，魏××、李××身份证复印件、委托书和彭州市畜牧局关于彭州市生猪定点屠宰厂（场）资格证的说明各1份共6页。证明事实：确认当事人的主体资格和代理人的有效身份。

证据2：询问笔录1份共3页。证明事实：当事人有不按照国家规定的操作规程和技术要求屠宰生猪的行为。

证据3：图片资料共3页。证明事实：当事人屠宰现场猪头、蹄、内脏散落在地面。

本机关认为：

《肉类加工厂卫生规范》（GB 12694—1990）7.3.6规定"肉畜屠宰时应做到胴体、内脏、头蹄不落地"，当事人不按照国家规定的操作规程和技术要求屠宰生猪的具体行为违反了《生猪宰管理条例》第十一条"生猪定点屠宰厂（场）屠宰生猪，应当符合国家规定的操作规程和技术要求"之规定，事实清楚，证据确凿，应当给予行政处罚。本机关于2015年9月21日向当事人送达了《行政处罚事先告知书》，在规定时间内当事人未提出陈述申辩和申请听证。

根据第十二届全国人大一次会议表决通过的《国务院机构改革和职能转变方案》和中央编办有关文件，商务部的生猪屠宰监督管理职责划入农业部。根据《中共成都市委、成都市人民政府关于政府职能转变和机构改革的实施意见》（成委发〔2014〕15号）文件精神，成都市生猪屠宰监督管理职责已移交成都市农业委员会，由后者承担生猪屠宰行政执法职责。依据《生猪屠宰管理条例》

第二十五条第（一）项"生猪定点屠宰厂（场）有下列情形之一的，由商务主管部门责令限期改正，处2万元以上5万元以下的罚款；逾期不改正的，责令停业整顿，对其主要负责人处5 000元以上1万元以下的罚款：（一）屠宰生猪不符合国家规定的操作规程和技术要求的"之规定，参照《四川省商务厅行政处罚自由裁量权参照实施标准》（川商法〔2009〕4号）"初次不达标或个别管理事项不达标等轻微情节的，责令限期改正，处2万~3万元罚款"之规定，责令彭州市天彭镇××屠宰厂立即改正上述违规行为，并作出如下处罚：处2万元人民币的罚款。

当事人必须在收到本处罚决定书之日起15日内持本决定书到指定银行缴纳罚没款。逾期不按规定缴纳罚款的，每日按罚款数额的3‰加处罚款。

当事人对本处罚决定不服的，可以在收到本处罚决定书之日起60日内向四川省农业厅或成都市人民政府申请行政复议；或者6个月内向成都市高新区人民法院提起行政诉讼。行政复议和行政诉讼期间，本处罚决定不停止执行。

当事人逾期不申请行政复议或提起行政诉讼，也不履行本行政处罚决定的，本机关将依法申请人民法院强制执行。

成都市农业委员会

2015年9月25日

附指定银行：

单位代码：21160000

户　　名：成都市财政局应缴预算归集户

开 户 行：工行高新支行民丰大道分理处

账　　号：44022 35009 00890 1287

（本决定书一式三份，办案单位、被处罚单位和指定银行各一份）

行政处罚立案审批表

成农（屠）立〔2015〕1号

案件来源			群众举报		受案时间	2015 年 8 月 31 日
案　由			涉嫌不按照国家规定的操作规程和技术要求屠宰生猪案			
当事人	个人	姓名	彭州市天彭镇××屠宰厂（魏××）		电话	1355033××××
		性别	男	年龄 51	身份证号	51012619640725××××
		住址	彭州市××镇××村××组××号			
	单位	名称	/		法定代表人（负责人）	/
		地址	/		电话	/
	简要案情		2015 年 8 月 31 日，成都市农业综合执法总队接到群众举报，称每天晚上 12 点以后彭州市天彭镇××屠宰厂在生猪屠宰过程中有注水行为。9 月 7 日，执法人员对该厂进行突击检查，在宰杀现场猪头、蹄、内脏散落在地面，卫生条件差，执法人员进行了现场摄像、照相取证。彭州市天彭镇××屠宰厂在屠宰过程中猪头、蹄、内脏散落在地面。《肉类加工厂卫生规范》（GB 12694—1990）7.3.6 规定"肉畜屠宰时应做到胴体、内脏、头、蹄不落地"，其行为涉嫌违反了《生猪屠宰管理条例》第十一条之规定，建议立案调查。 受案人签名：阮×× 白×× 2015 年 9 月 8 日			

（续）

执法 机构 意见	拟同意立案查处。 签名：张×× 2015 年 9 月 8 日
法制 机构 意见	同意。 签名：靳×× 2015 年 9 月 8 日
执法 机关 意见	同意。 签名：蒋×× 2015 年 9 月 8 日
备　注	

询 问 笔 录

询问时间： 2015 年 9 月 10 日 10 时 10 分至 11 时 17 分

询问地点： 成都市七道堰街 9 号成都市农业综合执法总队 508

询问机关： 成都市农业委员会

询问人： 阮××   **执法证件号：** 川 A17××××

            白××   **执法证件号：** 川 A17××××

记录人： 白××

被询问人： 姓名 李××   性别 女   年龄 47 岁

               身份证号 51012619680708××××

               工作单位 彭州市天彭镇××屠宰厂

               职务 管理人员   联系电话 1355033××××

               住址 彭州市××镇××村××组××号

问： 我们是成都市农业综合执法总队的执法人员（出示执法证件），现就你厂涉嫌不按照国家规定的操作规程和技术要求屠宰生猪的行为依法向你进行询问调查。你应当如实回答我们的询问并协助调查，作伪证要承担法律责任，你听清楚了吗？

答： 你们的执法证件已确认，我听清楚了。

问： 请说明你的身份，与彭州市天彭镇××屠宰厂是什么关系？

答： 我叫李××，身份证号码是 51012619680708××××，是彭州市天彭镇××屠宰厂的管理人员，受彭州市××屠宰厂经营者魏××委托前来处理相关事宜。我与魏××是夫妻关系，这是我的身份证复印件。

被询问人签字或盖章：李××

执法人员签字或盖章：白××   阮××

（共 3 页第 1 页）

问：根据《农业行政处罚程序规定》第三十六条第一款的规定，你有权申请我们执法人员回避，你是否要求我们回避？

答：不需要回避。

问：请你谈一谈××屠宰厂的基本情况。

答：××屠宰厂成立于 2004 年 3 月 18 日，魏××为经营者，现有职工 26 人，固定代宰户 5 家，每天宰杀量为 150 头左右，每头收取代宰费 18 元。

问：你能否提供××屠宰厂工商营业执照？

答：能，这是我厂的工商营业执照。

问：2015 年 9 月 7 日执法人员在检查屠宰车间时，发现宰杀现场猪头、蹄、内脏散落在地面，是否属实？

答：属实。

问：这是我们执法人员照相取得的现场照片，请你确认签字？

答：好的。

问：执法人员在检查中发现你厂 9 月 7 日当天"生猪定点屠宰厂（场）宰后检验原始记录"中记录的 285 头猪还未宰杀完，检验记录已经做完了，这是怎么回事？

答：主要是我们管理制度没落实好，肉品品质检验人员履职不到位，下一步我们加强管理制度的严格落实，严格落实好肉品品质管理。

问：现场也不能提供 2015 年 9 月 7 日的肉品检验记录、无害化处理记录、瘦肉精检验记录及肉品出场记录，这又是怎么回事？

被询问人签字或盖章：李××

执法人员签字或盖章：白××　阮××

答：肉品品质检验、无害化处理、瘦肉精检验这些工作我们都做了的，主要是我单位管理不够规范，各类生猪屠宰记录不齐全不完善，下一步将加强管理，严格落实制度，定人定岗定责。

问：你厂在屠宰过程中是否给生猪注过水或存在屠宰注水猪行为？

答：没有。

问：以上询问笔录请你阅读，是否与你说的一致？是否属实？

答：（当事人手写）以上询问笔录我已阅读，与我说的一致，属实。2015年9月10日。

以下无内容

被询问人签字或盖章：李××

执法人员签字或盖章：白××　阮××

现场检查（勘验）笔录

时间：2015 年 9 月 7 日零时 15 分至 2 时 20 分

检查（勘验）地点：彭州市天彭镇××屠宰厂

当事人：彭州市天彭镇××屠宰厂

检查（勘验）机关：成都市农业委员会

检查（勘验）人员：白××　　　**执法证件号：**川 A17××××

　　　　　　　　　　阮××　　　**执法证件号：**川 A170××××

记录人：陈×

现场检查（勘验）情况：成都市农业综合执法总队执法人员向李××出示了执法证件，对彭州市天彭镇××屠宰厂生猪定点屠宰场进行检查，检查时该屠宰场生产工人正在进行生猪屠宰加工，现场头、蹄、内脏散落地面，宰后检验工作未结束，宰后检验记录已登记完毕，现场不能提供当天的无害化处理记录、瘦肉精检验记录和肉品出场记录，执法人员对生猪定点屠宰厂（场）宰前检验记录、生猪宰后检疫检验原始记录和生猪定点屠宰厂（场）宰后检验记录进行了证据登记保存，对现场进行了照相、摄像取证。

　　以下无内容

当事人签名或盖章：李××　（见证人签名或盖章：）

执法人员签名或盖章：阮××　白××

（共 1 页第 1 页）

证据登记保存审批表

案　由	涉嫌不按照国家规定的操作规程和技术要求屠宰生猪案					
当事人	彭州市天彭镇××屠宰厂					
简要案情	2015 年 8 月 31 日，成都市农业综合执法总队接到群众举报，称每天晚上 12 点以后彭州市天彭镇××屠宰厂在生猪屠宰过程中有注水行为。9 月 7 日，执法人员对该厂进行突击检查，在宰杀现场猪头、蹄、内脏散落在地面，卫生条件差。彭州市天彭镇××屠宰厂在屠宰过程中猪头、蹄、内脏散落在地面，其行为涉嫌违反《生猪屠宰管理条例》第十一条之规定。					
物品	名称	规格	数量	生产日期（批号）	生产单位	单价
	生猪定点屠宰厂（场）宰前检验记录	/	共 1 页	/	/	/
	生猪宰后检疫检验原始记录	/	共 1 页	/	/	/
	生猪定点屠宰厂（场）宰后检验记录	/	共 1 页	/	/	/
	/	/	/	/	/	/
	/	/	/	/	/	/
承办人意见	该企业的相关记录难以取得，为查清案件事实，建议对该企业相关记录等证据进行先行登记保存。 签名：白×× 阮×× 2015 年 9 月 7 日					
处罚机关意见	同意。 签名：蒋×× 2015 年 9 月 7 日					
备　注						

证据登记保存清单

当事人： 彭州市天彭镇××屠宰厂

时间： 2015 年 9 月 7 日

地点： 彭州市天彭镇光明社区

因你单位涉嫌不按照国家规定的操作规程和技术要求屠宰生猪一案，本机关需对你单位在办公室的下列物品异地保存在成都市农业综合执法总队。

序号	物品名称	规格	数量	生产日期（批号）	生产单位	单价
1	生猪定点屠宰厂（场）宰前检验记录	/	共 1 页	/	/	/
2	生猪宰后检疫检验原始记录	/	共 1 页	/	/	/
3	生猪定点屠宰厂（场）宰后检验记录	/	共 1 页	/	/	/

执法人员： 阮××   **执法证件号：** 川 A17××××

执法人员： 白××   **执法证件号：** 川 A17××××

处罚机关（印章）

2015 年 9 月 7 日

当事人签名或盖章：李××

登记保存物品处理通知书

彭州市天彭镇××屠宰厂：

　　本机关对 2015 年 9 月 7 日异地登记保存你单位的物品作出如下处理决定：

　　经复印和李××签字确认后，原件退还你单位。

2015 年 9 月 10 日

照 片 粘 贴 表

证据制作说明：

1. 拍摄人：阮×× 白××
2. 拍摄时间：2015 年 9 月 7 日
3. 拍摄地点：彭州市天彭镇××屠宰厂
4. 证据内容：彭州市天彭镇××屠宰厂屠宰现场猪头、蹄、内脏散落地面
5. 当事人签名：属实。李×× 2015 年 9 月 10 日

照 片 粘 贴 表

证据制作说明：

1. 拍摄人：阮×× 白××

2. 拍摄时间：2015 年 9 月 7 日

3. 拍摄地点：彭州市天彭镇××屠宰厂

4. 证据内容：彭州市天彭镇××屠宰厂屠宰现场猪头、蹄、内脏散落地面，工人正在清理猪头、蹄

5. 当事人签名：属实。李×× 2015 年 9 月 10 日

照 片 粘 贴 表

　　证据制作说明：

　1. 拍摄人：阮×× 白××

　2. 拍摄时间：2015 年 9 月 7 日

　3. 拍摄地点：彭州市天彭镇××屠宰厂

　4. 证据内容：彭州市天彭镇××屠宰厂屠宰现场猪头、蹄、内脏散落地面，工人正在清理头蹄

　5. 当事人签名：属实。李×× 2015 年 9 月 10 日

生猪定点屠宰厂（场）宰前检验记录

单位：彭州市××厂

进厂时间	运输车辆牌号	检验日期	检验头数				货主或贩运人	货主或贩运人的联系电话	产地	动物产地检疫合格证明		无害化处理原因及方式	检验员签字
			健康头数	伤残头数	死亡头数	总头数				证明编号	否		
2015年8月31日	川AY3591	9月1日	268	/	/	268	魏××	1380820××××	彭州	5184725136			高××
2015年9月1日	川AY3591	9月2日	241	/	/	241	魏××	1380820××××	彭州	5187635240			高×
2015年9月2日	川AY3591	9月3日	257	/	/	257	魏××	1380820××××	彭州	5184623741			王×
2015年9月3日	川AY3591	9月4日	220	/	/	220	魏××	1380820××××	彭州	5186102345			高××
2015年9月4日	川AY3591	9月5日	236	/	/	236	魏××	1380820××××	彭州	5184530278			张××
2015年9月5日	川AY3591	9月6日	277	/	/	277	魏××	1380820××××	彭州	5186632151			李×
2015年9月5日	川AY3591	9月7日	285	/	/	285	魏××	1380820××××	彭州	5186035273			

向成都市农业执法总队提供，原件已退还我。

李××

2015.9.10

生猪宰后检疫检验原始记录

2015 年 9 月 7 日   序号：

屠宰头数	合格头数	合格率	不合格头数	不合格率	处理头数			销毁	备 注
					高温	炼制			
285	285	100%	/	/	/	/	/	/	

传染病寄生虫（头）	处理头数		不合格头数	不合格率	非传染病（头）	处理头数		销毁	合计	加工不良	处理头数		合格
	高温	炼制	销毁	合计		高温	炼制				数量		
猪瘟					黄脂					放血不全			
猪丹毒					尿毒症					带毛			
猪肺疫					白肌肉					带皮			
炭疽					皮炎					粪污			
W					肿瘤					胆污			
结核病					淋巴结炎					修割不良			
猪喘气病					红膘病					劈半不正			
黄疸					落地					机械伤			
猪囊虫病										油污			
旋毛虫病										断脊			
住肉孢子虫										肠破损			

检验员：赵××

审核：_____

李××

2015. 9. 10

向成都市农业执法总队提供，原件已退还我。

48

生猪定点屠宰厂（场）宰后检验记录

彭州市县（区）×××屠宰厂（场）

编号：

检验日期	屠宰数量	检验总数量	合格数量	病害肉总数量								无害化处理原因及要求	其他	检验负责人签字
				一般性病症	肿瘤	猪应激综合症	气味异常肉	流入水或其他物质	种公母猪及晚阉猪	外伤	其他			
2015年9月1日	268	268	268									三腺摘除		略
2015年9月2日	241	241	241									三腺摘除		略
2015年9月3日	257	257	257									三腺摘除		略
2015年9月4日	220	220	220									三腺摘除		略
2015年9月5日	236	236	236									三腺摘除		略
2015年9月6日	277	277	277									三腺摘除		略
2015年9月7日	285	285	285									三腺摘除		略

向成都市农业执法总队提供，原件已退还我。

李××

2015. 9. 10

49

关于彭州市生猪定点屠宰厂（场）资格证的说明

2010 年，按照《成都市生猪定点屠宰厂（场）整合重组工作方案》有关要求，彭州市天彭镇金彭屠宰厂、彭州市大坤实业有限公司、彭州市伦忠食品有限公司、彭州市通济镇富宏屠宰厂、彭州市兴欣旺食品有限责任公司等 5 家生猪定点屠宰厂（场）拟整合为 1 家。2012 年 12 月正式注册四川伍汇食品有限公司，地址在彭州市致和镇花土村，预计 2015 年底完成建设，目前待公司建成后开展审核和换发新证工作，在此期间原 5 家生猪定点屠宰厂（场）资格证有效。

特此说明。

附：彭州市生猪定点屠宰厂（场）整合重组和审核换证情况表

彭州市畜牧局

2015 年 9 月 10 日

彭州市生猪定点屠宰厂（场）整合重组和审核换证情况表

屠宰厂（场）名称	整合重组情况	审核情况	屠宰资格证情况	定点屠宰资格证号
彭州市天彭镇××屠宰厂	拟被整合	不审核	不换新证	川蓉彭屠准字第×号
彭州市××实业有限公司	拟被整合	不审核	不换新证	川蓉彭屠准字第×号
彭州市××食品有限公司	拟被整合	不审核	不换新证	川蓉彭屠准字第×号
彭州市通济镇××屠宰厂	拟被整合	不审核	不换新证	川蓉彭屠准字第×号
彭州市×××食品有限责任公司	拟被整合	不审核	不换新证	川蓉彭屠准字第×号

成都市农业综合执法总队（市动物卫生监督所）
电话记录单

（2015 年 8 月 31 日）

来电	匿名举报	受电	综合处
来电 要点	时间：每晚 12 点以后开始注水猪肉 地点：彭州市天彭镇××屠宰厂 要求：多次给彭州相关单位反映无果，特此举报强烈要求查处。		
拟办 意见	呈蒋××总队长阅，请张××副总队长阅，建议动监支队对接市农委兽医处，由市农委统一安排。 8 月 31 日		
领导 批示	请张××牵头，动监支队迅速查处。 请动监支队立即核实查处。 请陈×队长牵头，屠宰组核实查处。	蒋××8 月 31 日 张××8 月 31 日 牟××8 月 31 日	
主要 内容			
涉及 总队 事项			

生猪定点屠宰资格证

彭州市天彭镇金鱼屠宰厂

根据国务院《生猪屠宰管理条例》和《成都市生猪屠宰管理实施办法》，经审验，你厂符合定点屠宰厂规划要求和基本条件，准予屠宰生猪。

（有效期为两年）

川蓉彭屠准字第 01 号

公椰林业悦业统品经长、

2015.9.25

成都市商务局监制

审核意见	审核时间
彭府办函〔2008〕48号审核同意	2008年10月23日

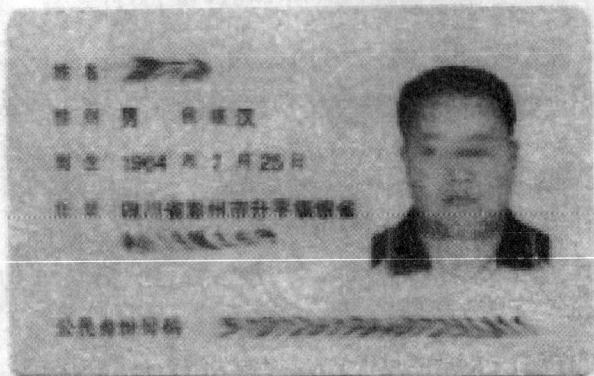

向成都市农业综合执法后队提供。

李 2015. 9. 10

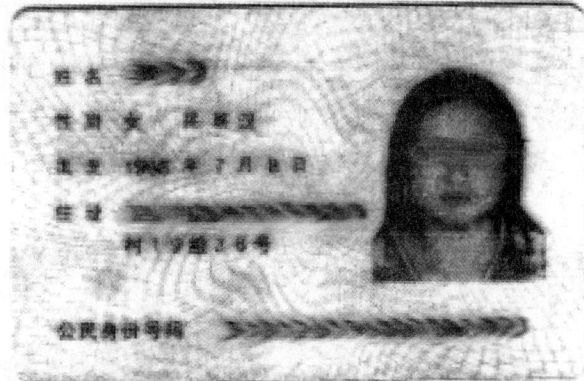

何成都市农业综合执法总队提供.

2015.9.10

李生虎

委 托 书

委托人：彭州市天彭镇××屠宰厂，**负责人**：魏××，**身份证号**：51012619640725××××

被委托人：李××，**性别**：女，**年龄**：47岁，**身份证号**：51012619680708××××，

工作单位：彭州市天彭镇××屠宰厂，**职务**：管理人员，**住址**：彭州市××镇××村××组××号

委托事项：被委托人就彭州市天彭镇××屠宰厂涉嫌不按照国家规定的操作规程和技术要求屠宰生猪一案，代为委托人接受执法机关成都市农业委员会的调查、询问，提供证据材料，申请回避，行使依法陈述、申辩及申请听证权利，签收执法文书以及其他事项。被委托人上述行为的法律后果由委托人承担。

委托期限：自2015年9月7日至本案依法调查和处理结束。

委托人：　　　　　　　　　　　　　　　　　　　　　**被委托人**：

2015年9月7日　　　　　　　　　　　　　　　　　2015年9月7日

关于彭州市天彭镇××屠宰厂不按照国家规定的操作规程和技术要求屠宰生猪案的调查报告

调查时间： 2015 年 9 月 7 日至 2015 年 9 月 11 日

调查机关： 成都市农业委员会

调查人员： 白××、阮××

一、当事人基本情况

彭州市天彭镇××屠宰厂成立于 2004 年 3 月 18 日，经营者是魏×× （身份证号码：51012619640725××××），住所为彭州市××镇××村××组，生猪定点屠宰资格证号为川蓉彭屠准字第××号，营业执照注册号为 51018260021××××，经营范围为生猪屠宰服务。

二、案件调查情况

（一）案件来源

2015 年 8 月 31 日，成都市农业综合执法总队接到群众举报，称彭州市天彭镇××屠宰厂在生猪屠宰过程中每天晚上 12 点以后有注水行为。9 月 7 日凌晨，成都市农业综合执法总队执法人员对该厂进行突击检查，检查中发现宰杀现场猪头、蹄、内脏散落在地面；生猪屠宰各类记录不完善，不能提供当天的肉品检验记录、无害化处理记录、瘦肉精检验记录及肉品出场记录，执法人员进行了现场勘验和摄像、照相取证。因涉嫌违反《生猪屠宰管理条例》第十一条之规定，执法人员通知该屠宰厂 9 月 10 日前来接受调查处理。

（二）立案和调查取证情况

1. 立案时间：2015 年 9 月 8 日

2. 调查取证情况

为了查清彭州市天彭镇××屠宰厂不按照国家规定的操作规程和技术要求屠宰生猪的具体行为，9 月 10 日，执法人员对该屠宰厂经营者魏××委托的管理人员李×× （身份证号码：51012619680708××××）进行了询问，同时依法收集了相关证据。

（1）询问笔录 1 份共 3 页。证明事实：该屠宰厂不按照国家规定的操作规程和技术要求屠宰生猪。

（2）彭州市天彭镇××屠宰厂营业执照、生猪定点屠宰证复印件，魏××、李××身份证复印件、委托书和彭州市畜牧局关于彭州市生猪定点屠宰厂（场）资格证的说明各 1 份共 6 页。证明事实：该屠宰厂的主体资格和被委托人的有效身份。

（3）彭州市天彭镇××屠宰厂宰前检验、宰后检验等记录共 3 页；现场猪头、蹄、内脏散落在地面的图片资料共 3 页，现场检查勘验笔录 1 页。证明事实：该屠宰厂记录不完善，管理不规范。

（4）成都市农业综合执法总队电话记录单复印件 1 份共 1 页，证明事实：案件来源。

（三）查明的事实

经调查，现已查明：该屠宰厂有不按照国家规定的操作规程和技术要求屠宰生猪的行为。

1. 从现场执法检查情况看，该屠宰厂宰杀现场存在猪头、蹄、内脏散落在地面；生猪屠宰各类记录不完善；不能提供当天的肉品检验记录、无害化处理记录、瘦肉精检验记录及肉品出场记录。现场检查未发现有对生猪及生猪产品注水行为。

2. 从对该屠宰厂被委托人李××的询问中，李××也承认上述事实，并承认主要是单位管理不够规范，管理人员履职不到位，各类生猪屠宰生产记录不齐全不完善。

《肉类加工厂卫生规范》（GB 12694—1990）7.3.6 规定"肉畜屠宰时应做到胴体、内脏、头蹄不落地"，彭州市天彭镇××屠宰厂不按照国家规定的操作规程和技术要求屠宰生猪的具体行为违反了《生猪屠宰管理条例》第十一条"生猪定点屠宰厂（场）屠宰生猪，应当符合国家规定的操作规程和技术要求"之规定。

三、行政处罚建议

根据第十二届全国人大一次会议表决通过的《国务院机构改革和职能转变方案》和中央编办有关文件，商务部的生猪屠宰监督管理职责划入农业部。根据《中共成都市委、成都市人民政府关于全市政府职能转变和机构改革的实施意见》（成委发〔2014〕15 号）文件精神，成都市生猪屠宰监督管理职责已移交成都市农业委员会，由其承担生猪屠宰行政执法职责。依据《生猪屠宰管理条例》第二十五条第（一）项"生猪定点屠宰厂（场）有下列情形之一的，由商务主管部门责令限期改正，处 2 万元以上 5 万元以下的罚款；逾期不改正的，责令停业整顿，对其主要负责人处 5000元以上 1 万元以下的罚款：（一）屠宰生猪不符合国家规定的操作规程和技术要求的"之规定。根据现有调查结果，本案尚未达到最高人民检察院、公安部《关于公安机关管辖的刑事案件立案追诉标准规定（一）》第十六条和第二十三条规定的刑事立案追诉标准。参照《四川省商务厅行政处罚自由裁量权参照实施标准》（川商法〔2009〕4 号）"初次不达标或个别管理事项不达标等轻微情节的，责令限期改正，处 2 万～3 万元罚款"之规定，责令该屠宰厂立即改正上述违法行为，并建议处罚如下：处 2 万元人民币的罚款。

2015 年 9 月 11 日

成都市农业综合执法总队
案件审查委员会决定

2015 年第 1 号

案　　由：彭州市天彭镇××屠宰厂不按照国家规定的操作规程和技术要求屠宰生猪案

提请机构：动物卫生监督执法支队

审议时间：2015 年 9 月 10 日

审议决定：彭州市天彭镇××屠宰厂不按照国家规定的操作规程和技术要求屠宰生猪案（成农（屠）立〔2015〕1 号），经市农业综合执法总队案件审查委员会集体讨论认为，彭州市天彭镇××屠宰厂不按照国家规定的操作规程和技术要求屠宰生猪的行为违反了《生猪屠宰管理条例》第十一条之规定，应依据《生猪屠宰管理条例》第二十五条第一款第（一）项之规定和参照《四川省商务厅行政处罚自由裁量权参照实施标准》（川商法〔2009〕4 号）相关规定予以处罚；并建议向当事人告知根据第十二届全国人大一次会议表决通过的《国务院机构改革和职能转变方案》和中央编办有关文件，商务部的生猪屠宰监督管理职责划入农业部；按照《中共成都市委、成都市人民政府关于全市政府职能转变和机构改革的实施意见》（成委发〔2014〕15 号）文件精神，成都市生猪屠宰监督管理职责已由市商务局移交至市农委内容，市农业综合执法总队案件审查委员会同意动物卫生监督执法支队作出的责令该屠宰厂立即改正不按照家规定的操作规程和技术要求屠宰生猪行为的行政措施，同意动物卫生监督执法支队提出的处罚建议：处 2 万元人民币的罚款。

2015 年 9 月 10 日

成都市农业综合执法总队案件审查会议纪要

案件编号	成农（屠）立〔2015〕1 号				
案件名称	彭州市天彭镇××屠宰厂不按照国家规定的操作规程和技术要求屠宰生猪案				
案件主办	白××	案件协办	阮××	会议记录	杜××
会议时间	2015 年 9 月 10 日	会议地点		执法总队二楼会议室 （七道堰街 9 号）	

　　白××向案审会说明案情，经查，该屠宰厂具有不按照国家规定的规程和技术要求屠宰生猪的行为。其行为违反了《生猪屠宰管理条例》第十一条之规定，应依据《生猪屠宰管理条例》第二十五条第一款第（一）项之规定予以处罚。参照《四川省商务厅行政处罚自由裁量权参照实施》（川商法〔2009〕4 号）"初次不达标或个别管理事项不达标等轻微情节的，责令限期改正，处 2 万～3 万元罚款"之规定，责令该屠宰厂立即改正上述违法行为，并建议处罚如下：处 2 万元人民币罚款。

会议讨论记录	
全体人员：该案事实清楚，证据确凿，程序合法，法律适用得当，同意案件办案人员处罚建议。	
案审会意见	同意按照规定程序上报市农委审批。
案审会成员 签字	王××、牟××、张××、曹××、袁××、陈×、唐×、袁×、李×× 2015 年 9 月 10 日

案件处理意见书

案由	不按照国家规定的操作规程和技术要求屠宰生猪案					
当事人	个人	姓名	彭州市天彭镇××屠宰厂（魏××）			
		性别	男	年龄	51	电话	1355033××××
		住址	彭州市××镇××村××组××号			
	单位	名称	/		法定代表人	/
		地址	/		电话	/
案件调查经过	2015年8月31日，成都市农业综合执法总队接到群众举报，称彭州市天彭镇××屠宰厂在生猪屠宰过程中每天晚上12点以后有注水行为。9月7日凌晨，成都市农业综合执法总队执法人员对该厂进行突击检查，检查中发现宰杀现场猪头、蹄、内脏散落在地面；生猪屠宰各类记录不完善，不能提供当天的肉品检验记录、无害化处理记录、瘦肉精检验记录及肉品出场记录，执法人员进行了现场勘验和摄像、照相取证，并通知该屠宰厂9月10日前来接受调查处理。9月10日，执法人员对受该屠宰厂经营者魏××委托的管理人员李××（身份证号码：51012619680708××××）作了询问笔录，同时依法收集了相关证据。					
所附证据材料	（1）询问笔录1份共3页，证明事实：该屠宰厂不按照国家规定的操作规程和技术要求屠宰生猪。 （2）彭州市天彭镇××屠宰厂营业执照、生猪定点屠宰证复印件，魏××、李××身份证复印件、委托书和彭州市畜牧局关于彭州市生猪定点屠宰厂（场）资格证的说明各1份共6页，证明事实：该屠宰厂的主体资格和被委托人的有效身份。 （3）彭州市天彭镇××屠宰厂进厂验收、宰前检验、宰后检验等记录共3页；现场猪头、蹄、内脏散落在地面，卫生条件差的图片资料共3页，现场检查勘验笔录1页，证明事实：该屠宰厂不按照国家规定的操作规程和技术要求屠宰生猪。 （4）成都市农业综合执法总队电话记录单复印件1份共1页，证明事实：案件来源情况。					

（续）

调查结论及处理意见	经调查，现已查明： 该屠宰厂有不按照国家规定的操作规程和技术要求屠宰生猪的行为。 1. 从现场执法检查情况看，该屠宰厂宰杀现场猪头、蹄、内脏散落在地面。 2. 从对该屠宰厂代理人李××的询问笔录中，李××也承认上述事实，并承认主要是单位管理不够规范，生猪屠宰制度落实不好，管理人员履职不到位造成的。 《肉类加工厂卫生规范》（GB 12694—1990）7.3.6 规定"肉畜屠宰时应做到胴体、内脏、头蹄不落地"，彭州市天彭镇××屠宰厂不按照国家规定的操作规程和技术要求屠宰生猪的具体行为违反了《生猪屠宰管理条例》第十一条"生猪定点屠宰厂（场）屠宰生猪，应当符合国家规定的操作规程和技术要求"之规定。 依据《生猪屠宰管理条例》第二十五条第（一）项"生猪定点屠宰厂（场）有下列情形之一的，由商务主管部门责令限期改正，处 2 万元以上 5 万元以下的罚款；逾期不改正的，责令停业整顿，对其主要负责人处 5 000 元以上 1 万元以下的罚款：（一）屠宰生猪不符合国家规定的操作规程和技术要求的"之规定，以及参照《四川省商务厅行政处罚自由裁量权参照实施标准》（川商法〔2009〕4 号）"初次不达标或个别管理事项不达标等轻微情节的，责令限期改正，处 2 万～3 万元罚款"之规定，责令该屠宰厂立即内改正上述违规行为，并建议处罚如下：处 2 万元人民币的罚款。 执法人员签名：白××　阮×× 2015 年 9 月 11 日
执法机构意见	同意办案人员意见，请送农委领导和相关处室审定。 签名：张×× 2015 年 9 月 11 日
法制机构意见	同意处罚意见。 签名：靳×× 2015 年 9 月 11 日
执法机关意见	同意。 签名：蒋×× 2015 年 9 月 11 日

成都市农业委员会行政处罚事先告知书

成农（屠）告〔2015〕1号

彭州市天彭镇××屠宰厂：

经调查，你单位不按照国家规定的操作规程和技术要求屠宰生猪一案，违法事实清楚，证据确凿。

2015年9月7日凌晨，成都市农业综合执法总队执法人员对你单位进行突击检查。检查中发现在宰杀现场猪头、蹄、内脏散落在地面。为此，执法人员进行了现场勘验和摄像、照相取证，并对你的代理人李××作了询问笔录，对现场进行了检查（勘验），依法收集了营业执照、生猪屠宰生产记录等相关证据，2015年9月8日，经本机关负责人审批立案。

现已查明：

2015年9月7日，你单位宰杀现场猪头、蹄、内脏散落在地面。你的代理人李××在询问笔录中承认上述事实，并承认主要是单位管理不够规范，生猪屠宰管理制度落实不好，管理人员履职不到位造成的。

《肉类加工厂卫生规范》（GB 12694—1990）7.3.6规定"肉畜屠宰时应做到胴体、内脏、头蹄不落地"，你单位不按照国家规定的操作规程和技术要求屠宰生猪的具体行为违反了《生猪屠宰管理条例》第十一条"生猪定点屠宰厂（场）屠宰生猪，应当符合国家规定的操作规程和技术要求"之规定。

根据第十二届全国人大一次会议表决通过的《国务院机构改革和职能转变方案》和中央编办有关文件，商务部的生猪屠宰监督管理职责划入农业部。根据《中共成都市委、成都市人民政府关于全市政府职能转变和机构改革的实施意见》（成委发〔2014〕15号）文件精神，成都市生猪屠宰监督管理职责已移交成都市农业委员会，由其承担生猪屠宰行政执法职责。依据《生猪屠宰管理条例》第二十五条第（一）项"生猪定点屠宰厂（场）有下列情形之一的，由商务主管部门责令限期改正，处2万元以上5万元以下的罚款；逾期不改正的，责令停业整顿，对其主要负责人处5 000元以上1万元以下的罚款：（一）屠宰生猪不符合国家规定的操作规程和技术要求的"之规定，以及参照《四川省商务厅行政处罚自由裁量权参照实施标准》（川商法〔2009〕4号）"初次不达标或个别管理事项不达标等轻微情节的，责令限期改正，处2万～3万元罚款"之规定，责令你单位立即改正上述违规行为，并拟作出如下处罚决定：处2万元人民币的罚款。

根据《中华人民共和国行政处罚法》第三十一条、第三十二条和四十二条之规定，你可以在收到本告知书之日起三日内向本机关进行陈述申辩或听证，逾期不陈述申辩或听证的，视为你放弃上述权利。

成都市农业委员会

2015年9月15日

处罚机关地址：成都市高新区蜀锦路68号

联系人：白×× 阮×× 电话：8507××××

（本告知书一式两份，办案单位和受处罚单位各一份）

行政处罚决定审批表

案由			不按照国家规定的操作规程和技术要求屠宰生猪案					
当事人	个人	姓名	彭州市天彭镇××屠宰厂（魏××）					
		性别	男	年龄	51	电话	1355033××××	
		住址	彭州市升平镇××村××组××号					
	单位	名称	/			法定代表人（负责人）	/	
		地址	/			电话	/	
陈述申辩或听证情况			当事人在规定时间内未提出陈述申辩和申请听证。					

（续）

处理 意见	建议维持行政处罚事先告知书所拟作处罚决定。 执法人员签名：白×× 阮×× 2015 年 9 月 25 日	
执法 机构 意见	同意办案人员意见。 签名：张×× 2015 年 9 月 25 日	
法制 机构 意见	同意。 签名：靳×× 2015 年 9 月 25 日	
执法 机关 意见	同意。 签名：蒋×× 2015 年 9 月 25 日	

四川省行政、刑事处罚罚没票据

川财 1101　　**四川省行政、刑事处罚罚没票据**　　0003119310

流水号：201509252066l839

填制日期：2015 年 09 月 25 日　　执法单位：成都市农牧局　　单位代码：

被处罚人：彭州市天彭镇□□屠宰厂	序号：04403 08602 20150 92511 0400
处 罚 摘 要	金额：20,000.00（小写）
	验证码：8FE55 94AA0 11
	处罚金额：￥20,000.00
	加罚金额：￥0.00
合计金额（大写）贰万元整	￥20,000.00

执法单位：（印章）　　　　执法人：02560 08602　　被处罚人：

送 达 回 证

案　　由	不按照国家规定的操作规程和技术要求屠宰生猪案				
受送达人 名称或姓名	彭州市天彭镇××屠宰厂				
送达单位	成都市农业委员会				
送达文书及文号	送达地点	送达人	送达方式	收到日期	收件人签名
成都市农业委员会行政处罚事先告知书（成农（屠）告〔2015〕1号）	成都市农业综合执法总队（成都市高升桥七道堰街9号）	阮×× 白××	直接送达	2015.9.21	李××
/	/	/	/	/	/
/	/	/	/	/	/
/	/	/	/	/	/
备注					

送 达 回 证

案　由	不按照国家规定的操作规程和技术要求屠宰生猪案				
受送达人 名称或姓名	彭州市天彭镇××屠宰厂				
送达单位	成都市农业委员会				
送达文书及文号	送达地点	送达人	送达方式	收到日期	收件人签名
成都市农业委员会行政处罚决定书（成农（屠）罚〔2015〕1号）	成都市农业综合执法总队（成都市高升桥七道堰街9号）	阮×× 白××	直接送达	2015.9.25	李××
/	/	/	/	/	/
/	/	/	/	/	/
/	/	/	/	/	/
备 注					

行政处罚结案报告

案　由	不按照国家规定的操作规程和技术要求屠宰生猪案		
当事人	彭州市天彭镇××屠宰厂（魏××）		
立案时间	2015 年 9 月 8 日	处罚决定 送达时间	2015 年 9 月 25 日

处罚决定：

　　处 2 万元人民币的罚款。

执行情况：

　　当事人已于 2015 年 9 月 25 日将罚款 2 万元人民币缴至指定银行。

　　行政处罚决定执行完毕，并按相关程序完成四川省重大行政处罚决定备案，现申请结案。

执法人员签名：白×× 阮××

2015 年 9 月 28 日

执法 机构 意见	同意结案。 　　　　　　　　　　　　　　　　张×× 　　　　　　　　　　　　　　　2015 年 9 月 28 日
处罚 机关 意见	同意结案。 　　　　　　　　　　　　　　　　蒋×× 　　　　　　　　　　　　　　　2015 年 9 月 28 日

备 考 表

本案卷共有文件材料 42 页。

其中：文字材料 43 页

相片材料 3 页

立卷人：阮××

检查人：白××

2015 年 9 月 28 日

备注：

案卷编辑人员：袁孟伟、李卫华

未取得动物诊疗许可证从事动物诊疗活动案

一、案情简介

（一）概况

2015年6月1日，××省本营市动物卫生监督所接到群众电话举报，称位于××省本营市开心区家和小区2号楼底商1层18号的动物医院未取得动物诊疗许可证开展动物诊疗活动，经营人是王×，动物医院悬挂的牌匾为"××动物医院"。

（二）办案经过

经立案审批后，执法人员对悬挂牌匾为"××动物医院"的动物医院进行现场监督检查，发现药房摆放药品，手术室、处置室等区域存有废弃的消毒棉签、输液瓶、药瓶等医疗垃圾，检验室显微镜、生化仪等设备均有使用痕迹，诊疗室电脑中《诊疗活动记录》记载了6个诊疗活动记录，现场不能提供动物诊疗许可证。执法人员进行了现场检查勘验、照相、收集了打印版诊疗活动记录等证据，对该家动物医院的院长进行了询问调查，并制作了《现场检查（勘验）笔录》和《询问笔录》。

通过调查取证，王×为该动物医院的经营人，该动物医院没有取得动物诊疗许可证，从2015年5月26日开展诊疗活动，先后从事了6次诊疗活动，违法所得共4000元，确认当事人未取得动物诊疗许可证从事动物诊疗活动的行为。根据《中华人民共和国动物防疫法》第八十一条第一款、××省农业行政处罚裁量基准第二百四十八条和××省农业行业违法行为处罚裁量基准表C21267××031的规定，拟对当事人作出20000元罚款处罚决定，属于较大数额罚款，应当由行政处罚机构负责人集体讨论决定。2015年6月3日，××省本营市动物卫生监督所组织了集体讨论，并提出了拟作出的处罚决定：1. 没收违法所得4000元；2. 处以20000元罚款。当日向当事人王×送达了《行政处罚事先告知书》和《责令整改通知书》。当事人在规定时间内未向本机构进行陈述、申辩和申请听证。

（三）处理结果

2015年6月9日，××省本营市动物卫生监督所向当事人王×送达了《行政处罚决定书》，6月10日当事人到指定银行缴纳了罚没款。2015年7月6日，执法人员对该家动物医院进行复查检查，该家动物医院已取得动物诊疗许可证。

二、案卷点评

本案是一起由群众举报提供线索的行政处罚案件，经批准立案后立刻组织现场核查活动。此类违法行为一般具有持续时间短、行为隐蔽、无规律性等特点，较难取得违法证据，需要根据举报人提供线索做好充分准备，快速行动，该案与举报人紧密联系，获得精准信息的情况下成功查处违法行为，案件有以下特点：

（一）被处罚主体资格认定准确

依据《最高人民法院关于适用〈中华人民共和国民事诉讼法〉若干问题的意见》第49条规定：

法人或者其他组织应登记而未登记即以法人或者其他组织名义进行民事活动，或者他人冒用法人、其他组织名义进行民事活动，或者法人或者其他组织依法终止后仍以其名义进行民事活动的，以直接责任人为当事人。动物医院在没有取得企业法人工商营业执照的情形下，虽然以法人名义开展诊疗活动，但是被处罚主体应该认定为投资经营人王×。

（二）事实清楚、证据充分

通过现场检查勘验和询问等调查活动，获取了诊疗活动的现场照片、诊疗活动记录和诊疗活动收入等多个证据，证明了当事人的身份和违法行为发生时间、地点、情节及后果等基本要素，确认了未取得动物诊疗许可证从事动物诊疗的事实和违法所得。

（三）法律适用准确、处罚适当

当事人未取得动物诊疗许可证从事动物诊疗活动的行为违反了《中华人民共和国动物防疫法》第五十一条规定，参照当事人的违法情节，依据《中华人民共和国动物防疫法》第八十一条第一款和《××省农业局农业行政处罚裁量基准制度》的规定作出行政处罚决定，处罚适当。

（四）程序合法、履行到位

按照《中华人民共和国处罚法》、《农业行政处罚程序规定》和农业部《农业行政执法文书制作规范》等规定，履行了立案审批、调查取证、集体讨论、事先告知、处罚决定等程序，该案的处罚金额符合本省集体讨论和听证条件，组织了集体讨论，并依照程序告知了当事人听证的权利及法定期限。另外，集体讨论和事先告知的时间顺序存在争议，本案例按照《农业行政处罚程序》的规定，将集体讨论置于事先告知之前。

（五）文书制作规范

基本要素齐全，调查具有逻辑性，法律条款表述精准，技术处理标准，另外，此案制作了说理式行政处罚文书，用充分的说理来论证处理违法行为的理由、依据和处罚内容。

（六）证据收集方式新颖

本案电子资料的收集方式：随着信息化的发展，电子处方笺和病例广泛使用，另一方面违法分子为逃避处罚主观拒绝使用纸质处方笺和病例，这给调查取证提出了新的挑战。电脑储存证据材料的收集应提供原始载体或复制件，复制件需记载提供人确认意见，本案对电子材料采取打印方式进行证据固定。

三、注意事项

一是关于举报类案件的处理程序。在举报类案件中，一些省市先开展现场检查核实举报线索，举报线索核查属实后再进入立案程序，至于立案与现场检查先后顺序视各地具体规定而定。本省《行政处罚案卷标准》规定举报类案件必须在批准立案后方可启动调查程序，故本案是先立案然后开展调查取证活动。

二是关于本案涉及的相关行为。《执业兽医管理办法》规定从事动物诊疗活动的，应取得执业兽医师资格证书，并向注册机关申请兽医执业注册，执业活动是取得执业许可后的具体行为，故在此类案件中应确认执业人员的资格和注册情况，若没有执业资格和注册的应另案处理。

本案例为了保护当事人和处罚案卷等相关信息，在实际案例的基础上进行了修改和完善，以虚拟的当事人、执法人员和处罚机关的形式编写了此案例，特此说明。

××省本营市动物卫生监督所

××动监罚〔2015〕9号

关于王×未取得动物诊疗许可证从事动物诊疗动活的行政处罚案

自 2015 年 6 月至 2015 年 7 月	保管期限	长期
本卷共 22 件 32 页	归档号	

全宗号	目录号	案卷号

卷 内 文 件 目 录

序号	文件号	文件材料名称	日期	页号	责任者	备注
1	××动监罚〔2015〕9号	行政处罚决定书	2015.6.9	1~3	××省本营市动物卫生监督所	/
2	/	送达回证	2015.6.9	4	贺×、严×	/
3	××动监立〔2015〕9号	行政处罚立案审批表	2015.6.1	5	张×	/
4	/	现场检查笔录	2015.6.1	6	贺×、严×	/
5	/	询问笔录	2015.6.1	7~9	贺×、严×	/
6	/	询问笔录	2015.6.2	10~12	贺×、严×	/
7	/	证据材料	2015.6.1	13	贺×、严×	/
8	/	证据材料	2015.6.1	14	贺×、严×	/
9	/	证据材料	2015.6.1	15	贺×、严×	/
10	/	证据材料	2015.6.1	16	贺×、严×	/
11	/	证据材料	2015.6.1	17	贺×、严×	/
12	/	证据材料	2015.6.1	18	贺×、严×	/
13	/	证据材料	2015.6.2	19	贺×、严×	/
14	/	重大案件集体讨论记录	2015.6.3	20~22	张×	/
15	/	案件处理意见书	2015.6.3	23~24	张×	/
16	××动监告〔2015〕9号	行政处罚事先告知书	2015.6.3	25~26	××省本营市动物卫生监督所	/
17	/	责令改正通知书	2015.6.3	27	××省本营市动物卫生监督所	/
18	/	送达回证	2015.6.3	28	贺×、严×	/
19	/	行政处罚决定审批表	2015.6.9	29	张×	/

（续）

序号	文件号	文件材料名称	日期	页号	责任者	备注
20	第 150109 号	行政处罚缴款书	2015.6.9	30	××省本营市动物卫生监督所	/
21	/	复查记录	2015.7.6	31	贺×、严×	/
22	/	行政处罚结案报告	2015.7.7	32	张×	/

××省本营市动物卫生监督所
行政处罚决定书

××动监罚〔2015〕9号

姓名: 王×   **性别:** 男   **年龄:** 28   **职业:** 动物诊疗

证件类型: 身份证   **证件号码:** 123456198703287891

住址: ××省本营市幸福区快乐村88号

2015年6月1日,本机构接到群众电话举报,位于××省本营市开心区家和小区2号楼底商1层18号的动物医院没有动物诊疗许可证开展动物诊疗活动,经营人是王×,动物医院悬挂牌匾为"××动物医院"。当事人涉嫌违反《中华人民共和国动物防疫法》第五十一条"设立从事动物诊疗活动的机构,应当向县级以上地方人民政府兽医主管部门申请动物诊疗许可证。受理申请的兽医主管部门应当依照本法和《中华人民共和国行政许可法》的规定进行审查。经审查合格的,发给动物诊疗许可证;不合格的,应当通知申请人并说明理由。取得营业执照后,方可从事动物诊疗活动"的规定,于2015年6月1日本机构对当事人予以立案调查。

现查明:

当事人经营的动物医院未取得动物诊疗许可证,自2015年5月26日开始从事动物诊疗活动,先后从事了6次诊疗活动,违法所得共4 000元。

上述事实有以下证据予以证明:

证据一: 询问笔录2份,证明该动物医院经营人为违法当事人,当事人未取得动物诊疗许可证从事动物诊疗活动及其违法所得。

证据二: 现场检查照片4份和现场检查笔录1份,证明当事人经营的动物医院从事动物诊疗活动的事实。

证据三: 动物诊疗记录1份,证明当事人经营的动物医院从事动物诊疗活动、违法情节及违法所得。

证据四: 动物医院院长杜××身份证复印件1份,证明其身份。

证据五: 当事人王×身份证复印件1份,证明其身份和主体资格适格。

2015年6月3日,本机构向当事人送达了××动监告〔2015〕9号《行政处罚事先告知书》,当事人在规定时间内未向本机构提出陈述申辩或申请听证。

本机构认为: 当事人未取得动物诊疗许可证从事动物诊疗活动的行为,违反了《中华人民共和国动物防疫法》第五十一条之规定。

鉴于当事人未取得动物诊疗许可证从事6次动物诊疗活动的情形,根据××省农业行政处罚裁量基准第二百四十八条和××省农业行业违法行为处罚裁量基准表C21267××031"未取得动物诊疗许可证从事动物诊疗活动的,没有违法所得或者违法所得不足三万元,且从事诊疗活动5次以上10次以下的,责令停止诊疗活动,没收违法所得,并处二万元罚款"的规定,应给予当事人处以二万元罚款。

综上所述，根据《中华人民共和国动物防疫法》第八十一条第一款"违反本法规定，未取得动物诊疗许可证从事动物诊疗活动的，由动物卫生监督机构责令停止诊疗活动，没收违法所得；违法所得在三万元以上的，并处违法所得一倍以上三倍以下罚款；没有违法所得或者违法所得不足三万元的，并处三千元以上三万元以下罚款"的规定，同时根据××省农业行政处罚裁量基准第二百四十八条和××省农业行业违法行为处罚裁量基准表 C21267××031 的规定，本机构已责令当事人停止诊疗活动，经本机构负责人集体讨论研究决定，现作出如下行政处罚决定：

1. 没收违法所得 4 000 元；

2. 处以 20 000 元罚款。

以上罚没款总计 24 000 元。

当事人必须在收到本处罚决定书之日起15 日内持本决定书到本营市工商银行缴纳罚没款。逾期不按规定缴纳罚款的，每日按罚款数额的 3‰加处罚款。

当事人对本处罚决定不服的，可以在收到本处罚决定书之日起 60 日内向××省农业局申请行政复议；或者六个月内向××省本营市人民法院提起行政诉讼。行政复议和行政诉讼期间，本处罚决定不停止执行。

当事人逾期不申请行政复议或提起行政诉讼，也不履行本行政处罚决定的，本机构将依法申请人民法院强制执行。

××省本营市动物卫生监督所

2015 年 6 月 9 日

送 达 回 证

处罚机关印章：××省本营市动物卫生监督所（公章）

案　由	未取得动物诊疗许可证从事动物诊疗活动案
受送达人	王×
送达单位	××省本营市动物卫生监督所

送达文书及文号	送达地点	送达人	送达方式	收到日期及时间	收件人签名
行政处罚决定书（××动监罚〔2015〕9号）	××省本营市开心区家和小区2号楼底商1层18号	贺×严×	直接送达	2015年6月9日10：00	王×
行政处罚缴款书第9号	××省本营市开心区家和小区2号楼底商1层18号	贺×严×	直接送达	2015年6月9日10：00	王×
以下无内容					
备　注					

行政处罚立案审批表

××动监立〔2015〕9 号

案件来源		群众举报		受案时间	2015 年 6 月 1 日	
案　　由		涉嫌未取得动物诊疗许可证从事动物诊疗活动案				
当事人	个人	姓名	王×	性别	男	年龄	28
		电话	12345678912	证件类型	身份证	证件号码	123456198703287891
		职业	动物诊疗	住址	××省本营市幸福区快乐村 88 号		
简要案情		2015 年 6 月 1 日接到群众电话举报：位于××省本营市开心区家和小区 2 号楼底商 1 层 18 号的动物医院没有动物诊疗许可证开展动物诊疗活动，经营人是王×，动物医院悬挂牌匾为"××动物医院"。 　　当事人涉嫌未取得动物诊疗许可证从事动物诊疗活动的行为违反了《中华人民共和国动物防疫法》第五十一条"设立从事动物诊疗活动的机构，应当向县级以上地方人民政府兽医主管部门申请动物诊疗许可证。受理申请的兽医主管部门应当依照本法和《中华人民共和国行政许可法》的规定进行审查。经审查合格的，发给动物诊疗许可证；不合格的，应当通知申请人并说明理由。申请人凭动物诊疗许可证向工商行政管理部门申请办理登记注册手续，取得营业执照后，方可从事动物诊疗活动"的规定，建议立案调查。 　　　　　　　　　　　　　　　　　　受案人签名：贺×　严× 　　　　　　　　　　　　　　　　　　　　　　　2015 年 6 月 1 日					
执法机构意见		同意立案。 　　　　　　　　　　　　　　　　　　　　　　　签名：李× 　　　　　　　　　　　　　　　　　　　　　　　2015 年 6 月 1 日					
法制机构意见		同意立案。 　　　　　　　　　　　　　　　　　　　　　　　签名：刘× 　　　　　　　　　　　　　　　　　　　　　　　2015 年 6 月 1 日					
处罚机关意见		同意立案，请贺×、严×办理。 　　　　　　　　　　　　　　　　　　　　　　　签名：张× 　　　　　　　　　　　　　　　　　　　　　　　2015 年 6 月 1 日					

现 场 检 查 笔 录

时间: <u>2015</u> 年 <u>6</u> 月 <u>1</u> 日 <u>9</u> 时 <u>15</u> 分至 <u>9</u> 时 <u>45</u> 分

检查地点: ××省本营市开心区家和小区 2 号楼底商 1 层 18 号

当事人:

个人 姓名: 杜×× **性别:** 男 **年龄:** 27 **职业:** 动物诊疗

证件类型: 身份证 **证件号码:** 76543219871211××××

住址: ××省本营市幸福区王村大街 6 号

联系电话: 3333366××××

检察机关: ××省本营市动物卫生监督所

执法人员: 贺× **执法证件号:** ××农业 987654

执法人员: 严× **执法证件号:** ××农业 987658

记录人: 严×

现场检查情况: ××省本营市动物卫生监督所执法人员出示证件,表明身份,说明来意。现场检查发现,该家门店悬挂的牌匾为"××动物医院",位于一层,设有接诊室、药房、手术室、检验室和诊疗室等,药房摆放药品,手术室、处置室等区域存有废弃的消毒棉签、输液瓶、药瓶等医疗垃圾,检验室显微镜、生化仪等设备均有使用痕迹,诊疗室电脑中《诊疗活动记录》记载了 6 个诊疗活动记录,当场不能提供动物诊疗许可证。执法人员当场拍摄照片,打印了诊疗活动记录。

以下无内容。

当事人签名或盖章: 以上情况属实。杜×× 2015.6.1

执法人员签名或盖章: 贺× 严× 2015.6.1

(第1页共1页)

询 问 笔 录

询问时间：2015 年 6 月 1 日 10 时 5 分至 11 时 20 分

询问地点：××省本营市开心区家和小区 2 号楼底商 1 层 18 号

询问机关：××省本营市动物卫生监督所

询问人：执法人员：贺×　　**执法证件号：**××农业 987654

　　　　　执法人员：严×　　**执法证件号：**××农业 987658

记录人：严×

被询问人：姓名：杜××　　**性别：**男　　**年龄：**27

　　　　　身份证明编号：76543219871211××××　　**联系电话：**3333366××××

　　　　　工作单位：××动物医院　　**职务：**院长

　　　　　住址：××省本营市幸福区王村大街 6 号

问：我们是××省本营市动物卫生监督所执法人员（出示执法证件），现依法向你进行询问调查。你应当如实回答我们的询问并协助调查，作伪证要承担法律责任，你听清楚了吗？

答：确认了执法证件，听清楚了。

问：你有申请执法人员回避的权利，需要执法人员回避吗？

答：不需要回避。

问：请如实说明一下你的基本情况并提供你的居民身份证明和复印件。

答：我叫杜××，男，现年 27 周岁，身份证号 76543219871211××××，是××动物医院院长，负责动物诊疗活动，这是我的居民身份证原件、复印件。

被询问人签名或盖章：以上情况属实。杜×× 2015.6.1

执法人员签名或盖章：贺× 严× 2015.6.1

（共 3 页第 1 页）

笔 录 纸

问：请介绍一下动物医院的基本情况。

答：这家动物医院叫"××动物医院"，门上也悬挂了牌匾，2015 年 1 月开始筹建的，动物医院是王×投资经营的，法人是王×。

问：动物医院办理动物诊疗许可证了吗？

答：没有。因为没有通过环保评估，所以没去办理工商营业执照和动物诊疗许可证。由于已经投资 20 万元租住了房屋、购买了设备、聘用了人员，每天运行成本很高，为了弥补损失就营业了。

问：从事了多少次诊疗活动？

答：先后开展了 6 次诊疗活动，接诊了 6 个病例。

问：能出示一下处方签或病历吗？

答：没有处方笺和病历，在电脑中记录了诊疗活动情况。

问：你能提供诊疗活动记录吗？

答：可以，我打印一份。一共 6 个诊疗活动记录，其中 2015 年 5 月 26 日 2 个，收费分别为 689 元、972 元；2015 年 5 月 28 日 1 个，诊疗收费为 267 元；2015 年 5 月 29 日 1 个，诊疗收费为 462 元；2015 年 5 月 30 日 1 个，诊疗收费为 831 元；2015 年 6 月 1 日 1 个，诊疗收费为 779 元，6 个诊疗活动收费总计 4 000 元。

问：你现在可以联系王×到现场接受调查吗？

答：王×出差明天回来，他回来我就把情况转告他。

被询问人签名或盖章：以上情况属实。杜×× 2015.6.1

执法人员签名或盖章：贺× 尹× 2015.6.1

（共 3 页第 2 页）

笔 录 纸

问： 你取得执业兽医师资格证书了吗？

答： 2012 年取得了执业兽医师资格证并注册了，这是我的资格证。

问：《中华人民共和国动物防疫法》第五十一条规定：设立从事动物诊疗活动的机构，应当向县级以上地方人民政府兽医主管部门申请动物诊疗许可证。受理申请的兽医主管部门应当依照本法和《中华人民共和国行政许可法》的规定进行审查。经审查合格的，发给动物诊疗许可证；不合格的，应当通知申请人并说明理由。申请人凭动物诊疗许可证向工商行政管理部门申请办理登记注册手续，取得营业执照后，方可从事动物诊疗活动（由贺×当场宣读）。

答： 明白了，知道这个法律规定。

问： 依据《中华人民共和国行政处罚法》第三十二条第一款的规定（宣读法律），你有陈述和申辩的权利，你听清楚了吗？

答： 我听清楚了。

问： 你还有什么需要补充的吗？

答： 没有，刚开始创业，老板是借钱开办的动物医院，希望能从轻处理。以下无内容

被询问人签名或盖章：以上情况属实。杜×× 2015.6.1

执法人员签名或盖章：贺× 覃× 2015.6.1

（共 3 页第 3 页）

询 问 笔 录

询问时间： 2015 年 6 月 2 日 9 时 10 分至 10 时 20 分

询问地点： ××省本营市开心区家和小区 2 号楼底商 1 层 18 号

询问机关： ××省本营市动物卫生监督所

询问人： 执法人员：贺×　　执法证件号：××农业 987654

　　　　　执法人员：严×　　执法证件号：××农业 987658

记录人： 严×

被询问人： 姓名：王×　　性别：男　　年龄：28

　　　　　身份证号码：123456198703287891　　联系电话：12345678912

　　　　　工作单位：××动物医院　　职务：经营人

　　　　　住址：××省本营市幸福区快乐村 88 号

问： 我们是××省本营市动物卫生监督所执法人员（出示执法证件），现依法向你进行询问调查。你应当如实回答我们的询问并协助调查，作伪证要承担法律责任，你听清楚了吗？

答： 听清楚了，确认了执法证件。

问： 你有权申请与你有直接利害关系的执法人员回避本案调查，你申请吗？

答： 不申请。

问： 请如实说明一下你的基本情况并提供你的居民身份证明和复印件。

答： 我叫王×，男，现年 28 周岁，这是我的居民身份证原件和复印件。

问： 2015 年 6 月 1 日对悬挂牌匾为"××动物医院"的门店进行监督检查，发现药房摆放药品，手术室、处置室等区域存有废弃的消毒棉签、输液瓶、药瓶等医疗垃圾，检验室显微镜、生化仪等设备均有使用痕迹，诊疗室电脑中《诊疗活动记录》记载了 6 个诊疗活动记录，请问你与这家动物医院是什么关系？

被询问人签名或盖章：以上情况属实，　　王× 2015.6.2

执法人员签名或盖章：贺× 严× 2015.6.2

（共 3 页第 1 页）

答： 这家动物医院是我投资经营的，我是法人。

问： 你在这家动物医院主要负责什么？

答： 负责动物医院的财务和人员管理。

问： 请出示工商营业执照。

答： 还没有办理营业执照，因为没有通过环保评估，通过环保评估后立刻办理企业法人工商营业执照，我是法定代表人。

问： 办理动物诊疗许可证了吗？

答： 没有，没通过环保评价没法申请办理，投资 20 万元，为减少损失就营业了。

问： 动物医院有几名执业兽医？

答： 目前只有杜××1 人，他是院长，负责诊疗活动，等到通过环保评价，取得工商营业执照和动物诊疗许可证后还要聘几个执业兽医。

问： 你们是从什么时间开展动物诊疗活动的？

答： 2015 年 5 月 26 日。

问： 从事了多少次诊疗活动？

答： 共 6 次。

问： 6 次诊疗活动的总收入是多少？

答： 收费总金额为 4 000 元，诊疗活动具体情况及记录杜××掌握。

被询问人签名或盖章：以上情况属实。 王× 2015.6.2

执法人员签名或盖章：贺× 曹× 2015.6.2

笔 录 纸

问：《中华人民共和国动物防疫法》第五十一条规定：设立从事动物诊疗活动的机构，应当向县级以上地方人民政府兽医主管部门申请动物诊疗许可证。受理申请的兽医主管部门应当依照本法和《中华人民共和国行政许可法》的规定进行审查。经审查合格的，发给动物诊疗许可证；不合格的，应当通知申请人并说明理由。取得营业执照后，方可从事动物诊疗活动（由贺×当场宣读）。

答：明白了。

问：依据《中华人民共和国行政处罚法》第三十二条第一款的规定（宣读法律），你有陈述和申辩的权利，你听清楚了吗？

答：我听清楚了。

问：你还有什么需要补充的吗？

答：研究生毕业刚刚创业，借钱投资开的动物医院，目前环保评估拿证特别严格，每天的房租、水电等维护费用就特别高，希望能从轻处罚。

以下无内容

被询问人签名或盖章：以上情况属实。 z× 2015.6.2

执法人员签名或盖章：贺× 严× 2015.6.2

证 据 材 料

制作说明：

1. 证据内容：动物医院外观

2. 证据收集时间：2015 年 6 月 1 日

3. 证据收集人：贺×　严×

4. 证据收集方式：现场拍摄

证 据 材 料

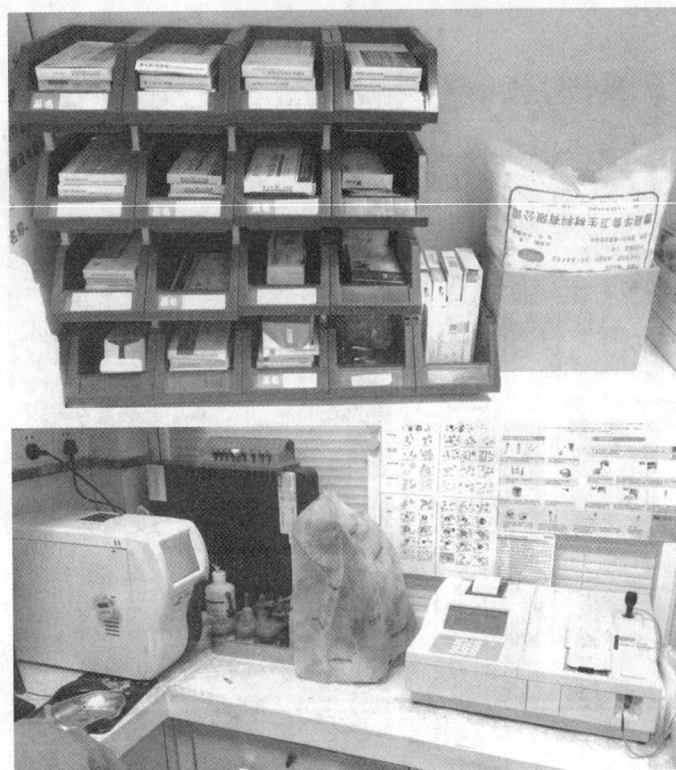

制作说明：

1. 证据内容：药品和检测设备

2. 证据收集时间：2015 年 6 月 1 日

3. 证据收集人：贺× 严×

4. 证据收集方式：现场拍摄

证 据 材 料

制作说明：

1. 证据内容：医疗垃圾

2. 证据收集时间：2015 年 6 月 1 日

3. 证据收集人：贺×　严×

4. 证据收集方式：现场拍摄

证 据 材 料

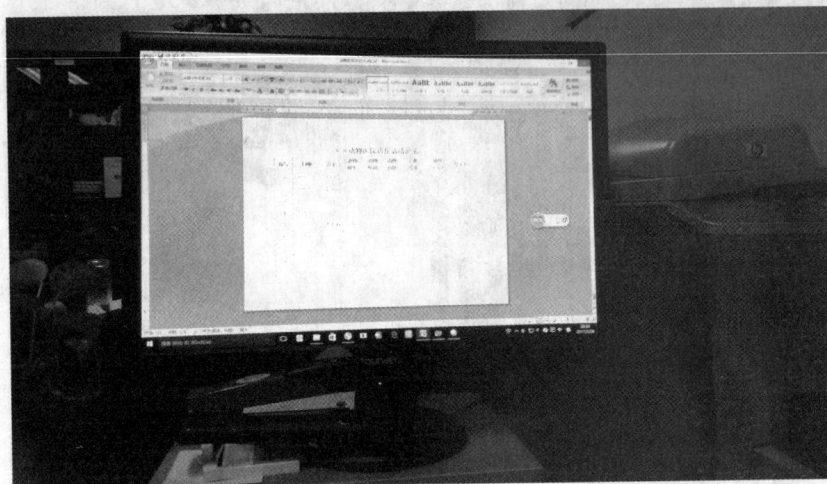

制作说明：

1. 证据内容：记载诊疗记录的计算机

2. 证据收集时间：2015 年 6 月 1 日

3. 证据收集人：贺×　严×

4. 证据收集方式：现场拍摄

证 据 材 料

××动物医院诊疗活动记录

序号	日期	畜主	动物种类	动物性别	动物月龄	诊断结果	收费（元）	经手人
1	2015.5.26	张××	犬	♀	2	犬瘟	689	杜××
2	2015.5.26	李××	犬	♀	3.5	腹泻	972	杜××
3	2.15.5.28	刘×	猫	♂	6	皮炎	267	杜××
4	2015.5.29	王×	猫	♀	8	牙周炎	462	杜××
5	2015.5.30	贾××	猫	♂	12	中耳炎	831	杜××
6	2015.6.1	牛×	犬	♂	2.5	犬瘟	779	杜××

由本人提供。杜×× 2015.6.1

制作说明：

1. 证据内容：动物诊疗活动记录
2. 证据收集时间：2015 年 6 月 1 日
3. 证据收集人：贺× 严×
4. 证据收集方式：由杜××提供

证 据 材 料

身份证正面

身份证反面

此复印件与原件一致，由本人提供。杜×× 2015.6.1

制作说明：

1. 证据内容：杜××居民身份证复印件
2. 证据收集时间：2015 年 6 月 1 日
3. 证据收集人：贺×　严×
4. 证据收集方式：由杜××提供

证 据 材 料

身份证正面

身份证反面

此复印件与原件一致，由本公提供。

王× 2015.6.2

制作说明：

1. 证据内容：王×居民身份证复印件

2. 证据收集时间：2015 年 6 月 2 日

3. 证据收集人：贺×　严×

4. 证据收集方式：由王×提供

重大案件集体讨论记录

案由： 涉嫌未取得动物诊疗许可证从事动物诊疗活动案

主持人： 张×   **职务：** 所长   **记录人：** 贺×   **职务：** 主任科员

出席人及职务： 张×（所长）、冯×（副所长）、赵×（副所长）、王×（副所长）、刘×（科长）、李×（科长）、严×（科长）

列席人及职务： 贺×（主任科员）

讨论时间： 2015 年 6 月 3 日 9 时 10 分至 10 时 30 分

讨论地点： ××省本营市动物卫生监督所 101 会议室

讨论记录：

严×介绍案情： 2015 年 6 月 1 日接到群众电话举报：位于××省本营市开心区家和小区 2 号楼底商 1 层 18 号的动物医院没有动物诊疗许可证开展动物诊疗活动，经营人是王×，动物医院悬挂牌匾为"××动物医院"。当事人涉嫌违反《中华人民共和国动物防疫法》第五十一条"设立从事动物诊疗活动的机构，应当向县级以上地方人民政府兽医主管部门申请动物诊疗许可证。受理申请的兽医主管部门应当依照本法和《中华人民共和国行政许可法》的规定进行审查。经审查合格的，发给动物诊疗许可证；不合格的，应当通知申请人并说明理由。取得营业执照后，方可从事动物诊疗活动"的规定。2015 年 6 月 1 日立案调查，执法人员对悬挂牌匾为"××动物医院"的动物医院进行现场监督检查时，发现药房摆放药品，手术室、处置室等区域存有废弃的消毒棉签、输液瓶、药瓶等医疗垃圾，检验室显微镜、生化仪等设备均有使用痕迹，诊疗室电脑中《诊疗活动记录》记载了 6 个诊疗活动记录，现场不能提供动物诊疗许可证，执法人员当场制作了现场检查笔录、现场拍照、收集了打印版诊疗活动记录。2015 年 6 月 1 日，执法人员对杜××进行了询问调查，2015 年 6 月 2 日，执法人员对王×进行了询问调查。经询问调查，确认王×为该动物医院的经营人，负责财务和人员管理，杜××为该动物医院院长，负责动物诊疗活动。该动物医院从 2015 年 5 月 26 日开展诊疗活动，先后从事了 6 次诊疗活动违法所得共 4 000 元。

当事人未取得动物诊疗许可证从事动物诊疗活动的行为有询问笔录、现场检查笔录、现场检查照片、诊疗活动记录等为证据，本案已全部调查完毕，违法事实清楚，证据确凿。当事人的行为违反了《中华人民共和国动物防疫法》第五十一条之规定。根据《中华人民共和国动物防疫法》第八十一条第一款"违反本法规定，未取得动物诊疗许可证从事动物诊疗活动的，由动物卫生监督机构责令停止诊疗活动，没收违法所得；违法所得在三万元以上的，并处违法所得一倍以上三倍以下罚款；没有违法所得或者违法所得不足三万元的，并处三千元以上三万元以下罚款"的规定，同时依据××省农业行政处罚裁量基准第二百四十八条和××省农业行业违法行为处罚裁量基准表 C21267××031 "未取得动物诊疗许可证从事动物诊疗活动的，没有违法所得或者违法所得不足三万元，且从事诊疗活动 5 次以上 10 次以下的，责令停止诊疗活动，没收违法所得，并处二万元罚款"的规定，建议作出如下行政处罚决定：

1. 没收违法所得 4 000 元；

2. 处以 20 000 元罚款。

以上罚没款总计 24 000 元。

张×发言：当事人王×未取得动物诊疗许可证从事动物诊疗活动的违法事实清楚，证据确凿，应严格按照《中华人民共和国动物防疫法》第八十一条第一款、××省农业行政处罚裁量基准第二百四十八条和××省农业行业违法行为处罚裁量基准表 C21267××031 的规定给予处理，同意作出上述行政处罚决定。

冯×发言：同意作出上述行政处罚决定。

赵×发言：同意作出上述行政处罚决定。

王×发言：同意作出上述行政处罚决定。

刘×发言：同意作出上述行政处罚决定。

李×发言：同意作出上述行政处罚决定。

严×发言：同意作出上述行政处罚决定。

主持人张×结论意见：会议达成一致意见，当事人王×未取得动物诊疗许可证从事动物诊疗活动的行为违反了《中华人民共和国动物防疫法》第五十一条之规定，依照《中华人民共和国动物防疫法》第八十一条第一款、××省农业行政处罚裁量基准第二百四十八条和××省农业行业违法行为处罚裁量基准表 C21267××031 之规定，作出如下行政处罚决定：

1. 没收违法所得 4 000 元；

2. 处以 20 000 元罚款。

以上罚没款总计 24 000 元。

参加讨论人员签名：张×、冯×、赵×、王×、刘×、李×、严×

案件处理意见书

案 由		未取得动物诊疗许可证从事动物诊疗活动案					
当事人	个人	姓名	王×	性别	男	年龄	28
		电话	12345678912	证件类型	身份证	证件号码	123456198703287891
		职业	动物诊疗	住址	××省本营市幸福区快乐村 88 号		

案件调查经过	根据群众举报，2015 年 6 月 1 日，执法人员对悬挂牌匾为"××动物医院"门店进行现场监督检查时，发现药房摆放药品，手术室、处置室等区域存有废弃的消毒棉签、输液瓶、药瓶等医疗垃圾，检验室显微镜、生化仪等设备均有使用痕迹，诊疗室电脑中《诊疗活动记录》记载了 6 个诊疗活动记录，当场不能提供动物诊疗许可证。执法人员当场拍摄照片，收集了打印版诊疗活动记录。 2015 年 6 月 1 日，执法人员对杜××进行了询问调查，2015 年 6 月 2 日，执法人员对当事人王×进行了询问调查。经查确认，当事人王×为该动物医院的经营人，负责财务和人员管理，杜××为该动物医院院长，负责动物诊疗活动。该动物医院从 2015 年 5 月 26 日开展诊疗活动，先后开展了 6 次诊疗活动，诊疗活动违法所得共 4 000 元。
所附证据材料	1. 现场检查照片 4 份； 2. 现场检查笔录 1 份； 3. 询问笔录 2 份； 4. 诊疗活动记录 1 份； 5. 王×居民身份证复印件 1 份； 6. 杜××居民身份证复印件 1 份。

（续）

调查结论及处理意见	本案调查取证已全部结束，确认当事人未取得动物诊疗许可证从事动物诊疗活动的违法事实成立。当事人的行为违反了《中华人民共和国动物防疫法》第五十一条之规定。依照《中华人民共和国动物防疫法》第八十一条第一款、××省农业行政处罚裁量基准第二百四十八条和××省农业行业违法行为处罚裁量基准表C21267××031之规定，建议责令停止动物诊疗活动，并作出如下行政处罚决定： 　　1. 没收违法所得 4 000 元； 　　2. 处以 20 000 元罚款。 　　以上罚没款总计 24 000 元。 　　　　　　　　　　　执法人员签名：贺×　严× 　　　　　　　　　　　　　　2015 年 6 月 3 日
执法机构意见	同意执法人员意见。 　　　　　　　　　　　　　签名：李× 　　　　　　　　　　　　　2015 年 6 月 3 日
法制机构意见	同意执法人员意见。 　　　　　　　　　　　　　签名：刘× 　　　　　　　　　　　　　2015 年 6 月 3 日
处罚机关意见	经本机构负责人集体讨论决定，同意执法人员处理意见。 　　　　　　　　　　　　　签名：张× 　　　　　　　　　　　　　2015 年 6 月 3 日

××省本营市动物卫生监督所
行政处罚事先告知书

××动监告〔2015〕9号

王×：

 经调查，你经营的动物医院未取得动物诊疗许可证，自2015年5月26日开展诊疗活动，先后开展了6次诊疗活动，诊疗活动违法所得共4 000元。

 你违反了《中华人民共和国动物防疫法》第五十一条"设立从事动物诊疗活动的机构，应当向县级以上地方人民政府兽医主管部门申请动物诊疗许可证。受理申请的兽医主管部门应当依照本法和《中华人民共和国行政许可法》的规定进行审查。经审查合格的，发给动物诊疗许可证；不合格的，应当通知申请人并说明理由。取得营业执照后，方可从事动物诊疗活动"的规定，依据《中华人民共和国动物防疫法》第八十一条"第一款违反本法规定，未取得动物诊疗许可证从事动物诊疗活动的，由动物卫生监督机构责令停止诊疗活动，没收违法所得；违法所得在三万元以上的，并处违法所得一倍以上三倍以下罚款；没有违法所得或者违法所得不足三万元的，并处三千元以上三万元以下罚款"的规定，同时依据××省农业行政处罚裁量基准第二百四十八条和××省农业行业违法行为处罚裁量基准表C21267××031"未取得动物诊疗许可证从事动物诊疗活动的，没有违法所得或者违法所得不足三万元，且从事诊疗活动5次以上10次以下的，责令停止诊疗活动，没收违法所得，并处二万元罚款"的规定，本机构拟作出如下处罚决定：

 1. 没收违法所得4 000元；

 2. 处以20 000元罚款。

 以上罚没款总计24 000元。

 根据《中华人民共和国行政处罚法》第三十一条、三十二条和第四十二条之规定，你（单位）可在收到本告知书之日起三日内向本机构进行陈述申辩、申请听证，逾期不陈述申辩、申请听证的，视为你（单位）放弃上述权利。

××省本营市动物卫生监督所
2015年6月3日

处罚机关地址：××省本营市浩瀚区远大路3号

联系人：贺× 严× 电话：×××××××

××省本营市动物卫生监督所
责令改正通知书

王×：

　　你经营的动物医院未取得动物诊疗许可证从事动物诊疗活动的行为，违反了《中华人民共和国动物防疫法》第五十一条之规定，依照《中华人民共和国动物防疫法》第八十一条第一款之规定，本机构责令你立即按下列要求改正违法行为：

　　停止动物诊疗活动。

××省本营市动物卫生监督所

2015 年 6 月 3 日

送 达 回 证

处罚机关印章：××省本营市动物卫生监督所

案　由	未取得动物诊疗许可证从事动物诊疗活动案
受送达人	王×
送达单位	××省本营市动物卫生监督所

送达文书及文号	送达地点	送达人	送达方式	收到日期及时间	收件人签名
行政处罚事先告知书（××动监告〔2015〕9号）	××省本营市开心区家和小区2号楼底商1层18号	贺×　严×	直接送达	2015年6月3日 10:00	王×
责令改正通知书	××省本营市开心区家和小区2号楼底商1层18号	贺×　严×	直接送达	2015年6月3日 10:00	王×
以下无内容					
备　注					

行政处罚决定审批表

案　由	未取得动物诊疗许可证从事动物诊疗活动案					
案件来源	群众举报					
当事人	个人	姓名	王×	性别	男	年龄	28
		电话	12345678912	证件类型	身份证	证件号码	123456198703287891
		职业	动物诊疗	住址	××省本营市幸福区快乐村88号		
陈述申辩或听证情况	2015年6月3日向当事人王×送达了《行政处罚事先告知书》（××动监告〔2015〕9号），当事人王×在规定时间内未向本机构陈述申辩或申请听证。					
处理意见	建议维持《行政处罚事先告知书》（××动监告〔2015〕9号）拟作出的处罚决定。即依照《中华人民共和国动物防疫法》第八十一条第一款、××省农业行政处罚裁量基准第二百四十八条和××省农业行业违法行为处罚裁量基准表C21267××031之规定，建议作出如下行政处罚决定： 1. 没收违法所得4000元； 2. 处以20000元罚款。 以上罚没款总计24000元。 执法人员签名：贺× 严× 2015年6月9日					
执法机构意见	同意执法人员意见。 签名：李× 2015年6月9日					
法制机构意见	同意执法人员意见。 签名：刘× 2015年6月9日					
处罚机关意见	同意执法人员意见。 签名：张× 2015年6月9日					

101

行政处罚缴款书

行政处罚缴款书 （回 执）

填制日期 2015 年 6 月 9 日　行政机关：XX省诸市动物卫生监督所　第 9 号

缴款单位	全　称	工×	收款单位	财政机关	财政局
	账　号			预算级次	市　级
	开户银行			收款国库	295,－开发区支库

处罚决定书编号	预　算　科　目		金　额

XX动监罚（2015）9号　编码　科目全称　佰十万千百拾元角分 ￥240000

金额人民币（大写）　佰 拾 ⊗万 贰 肆 佰 零 拾 零 元 零 角 零 分

缴款单位签章　工×

上列款项已记入收款单位账户。

国库（银行）盖章：　2016 年 6 月 13 日

缴款期限 2015 年 6 月 24 日

复 查 记 录

时间： 2015 年 7 月 6 日 9 时 10 分至 9 时 25 分

检查地点： ××省本营市开心区家和小区 2 号楼底商 1 层 18 号

检查机关： ××省本营市动物卫生监督所

当事人： 王×

复查情况： ××省本营市动物卫生监督所执法人员出示证件，表明身份，说明来意。当事人王×经营的动物医院已取得动物诊疗许可证。

以下无内容

执法人员： 贺×　　**执法证件号：** ××农业 987654

执法人员： 严×　　**执法证件号：** ××农业 987658

记录人： 严×

当事人签名或盖章： 王×

行政处罚结案报告

案　由	未取得动物诊疗许可证从事动物诊疗活动案		
当事人	王×		
立案时间	2015 年 6 月 1 日	**处罚决定送达时间**	2015 年 6 月 9 日 10：00
处罚内容	××省本营市动物卫生监督所对王×作出了××动监罚〔2015〕9 号行政处罚决定： 1. 没收违法所得 4 000 元； 2. 处以 20 000 元罚款。 以上罚没款总计 24 000 元。		
处罚及强制的执行情况和结案意见	当事人在 2015 年 6 月 10 日到指定银行缴纳了罚款。 2015 年 7 月 6 日××省本营市动物卫生监督所执法人员对当事人的改正情况进行了复查，当事人已取得动物诊疗许可证。 至此，行政处罚决定全部执行完毕，建议结案。 　　　　　　　　　　　　　　　　　　执法人员签名：贺×　严× 　　　　　　　　　　　　　　　　　　2015 年 7 月 7 日		
执法机构意见	同意结案。 　　　　　　　　　　　　　　　　　　　　　　签名：刘× 　　　　　　　　　　　　　　　　　　　　　　2015 年 7 月 7 日		
处罚机关意见	同意结案。 　　　　　　　　　　　　　　　　　　　　　　签名：张× 　　　　　　　　　　　　　　　　　　　　　　2015 年 7 月 7 日		

卷 内 备 考 表

本 卷 情 况 说 明

本案卷材料齐全完备，共计 32 页。

立卷人 ____贺×_____

检查人 ____张×_____

立卷时间 ____2015.7.7_____

备注：

本案卷编辑人员：鲍杰、郑耀辉

经营劣兽药案

一、案情简介

（一）概况

2015 年 9 月 9 日，××省平安市农业局收到××省平安市兽药监察所编号为 ABC1234 和编号为 ABC555 检验报告，2 份报告显示××兽药经营公司经营的批号为 14061803 的恩诺沙星可溶性粉和批号为 14061808 的环丙沙星可溶性粉含量测定均不符合兽药标准规定。《兽药管理条例》第四十八条第一项规定：成分含量不符合国家兽药标准或者不标明有效成分的为劣兽药。××兽药经营公司经营的 2 批兽药均为劣兽药。

（二）办案经过

当事人涉嫌违反《兽药管理条例》第二十七条第三款之规定，经立案审批后，执法人员对该公司进行现场调查，并对法定代表人进行询问，对库房中存放的 100 袋恩诺沙星可溶性粉进行了查封，制作了《现场检查（勘验）笔录》、《询问笔录》等相关文书，收集了相关证据。

经调查，确认当事人采购了 500 袋批号为 14061803 的恩诺沙星可溶性粉和 500 袋批号为 14061808 的环丙沙星可溶性粉，其中恩诺沙星可溶性粉尚有 100 袋未销售，存放在库房内。恩诺沙星可溶性粉销售价格为 20 元/袋，500 袋货值金额为 10 000 元，400 袋销售所得为 8 000 元。环丙沙星可溶性粉销售价格为 15 元/袋，500 袋货值金额为 7 500 元，销售 500 袋销售所得为 7 500 元。这 2 批兽药货值共计 17 500 元，销售金额为 15 500 元。依据《兽药管理条例》第五十六条第一款、××省农业行政处罚裁量基准第一百一十六条和××省农业行业违法行为处罚裁量基准表 C21118A020 的规定，拟对当事人作出如下行政处罚决定：1. 没收尚未销售的 100 袋恩诺沙星可溶性粉；2. 没收违法所得 15 500 元；3. 处违法经营的兽药货值金额 3 倍罚款，即罚款 52 500 元，罚没款总计 68 000 元，此罚没款数额符合××省农业行政处罚规定较大数额罚款规定，应当由行政处罚机关负责人集体讨论决定。2015 年 9 月 14 日，××省平安市农业局组织了集体讨论，同意拟作出的处罚决定。2015 年 9 月 15 日向当事人送达了《行政处罚事先告知书》和《责令整改通知书》。当事人在规定时间内未向本机构进行陈述、申辩和申请听证。

（三）处理结果

2015 年 9 月 23 日，××省平安市农业局向当事人送达了××农兽药罚〔2015〕8 号《行政处罚决定书》和××农兽药强〔2015〕8 号《行政强制措施处理决定书》，2015 年 9 月 28 日当事人到制定银行缴纳了罚没款；2015 年 10 月 9 日××省平安市农业局执法人员对当事人进行了复查，当事人已改正经营劣兽药的行为。2015 年 10 月 12 日××省平安市农业局执法人员对没收的兽药进行了监督销毁。

二、案卷点评

本案是在兽药经营环节实施检打联动的一起典型案件，以兽药质量检验不合格结果为线索，从兽药经营环节着手，追溯生产、经营不合格兽药产品的违法行为。此类案件往往因生产厂家不予确认或无法确认等原因，难以实施有效查处。另外，有的观点认为不合格兽药产品的责任应该由兽药生产企业承担，不应追究兽药经营企业的责任，致使兽药经营环节发现生产或经营不合格兽药的行为得不到有效惩治，也给不法分子留有可乘之机和生存空间，这种观点与《兽药管理条例》的立法宗旨相违背，《兽药管理条例》第二十七条第三款明确禁止经营劣兽药的行为，《兽药管理条例》第五十六条第一款也明确规定如何处理处罚经营劣兽药的行为。

本案有以下主要特点：

（一）主体资格认定准确

依据《兽药管理条例》处罚机关为××省平安市农业局，依据检验报告和抽样单等确定被处罚主体为××兽药经营公司。

（二）事实清楚、证据充分

收到检测报告第一时间赶到现场调查，固定了兽药采购、销售记录等有利证据，准确地确定了劣兽药销售情况、货值和违法所得。通过询问调查，向当事人确认抽样样品及检验结果、尚未销售兽药、销售兽药数量及价格等情况。此类案件中需要向当事人核实是否确认样品抽检和认可检验结果，按照规定当事人有权利对检测结果进行复议的，在复议期间的检验结果不建议作为处罚证据。

（三）法律适用准确、处罚适当

当事人经营劣兽药行为违反了《兽药管理条例》第二十七条第三款规定，参照当人事经营劣兽药货值金额，依据《兽药管理条例》第五十六条第一款和《××省平安市农业局农业行政处罚裁量基准制度》的规定作出行政处罚决定，处罚适当。

（四）程序合法、履行到位

按照《中华人民共和国处罚法》、《农业行政处罚程序规定》和农业部《农业行政执法文书制作规范》等规定，履行了行政处罚程序，同时严格履行了行政强制措施的执行程序，能够及时启动行政强制措施，准确地把握了行政强制措施的执行时限，为保存、处理劣兽药提供了重要保障。

（五）文书制作规范

文书齐全，时间与程序一致，事实陈述清晰。另外，以调查核实的证据为基础，紧扣违法行为的构成要件，制作了说理式行政处罚决定书，陈述了当事人情况、案件来源、违法事实、列举证据、听证告知、法律适用及定性、自由裁量标准、处罚决定和履行方式等内容，做到讲清当事人基本情况、讲清违法行为事实、列清证明违法事实的证据。

三、注意事项

1. 关于货值的确认：《兽药管理条例》第七十一条规定"本条例规定的货值金额以违法生产、经营兽药的标价计算；没有标价的，按照同类兽药的市场价格计算。"本案在调查中没有发现价格标签或价格表等表述标价的相关材料。依据当事人提供的销售记录，认定销售价格为兽药标价和货值金额。至于库存尚未销售兽药产品货值金额的确认仍依据兽药销售价格。

2. 监督抽检样品：在确认劣兽药货值和销售劣兽药违法所得时，是否核算抽检样品，经营劣兽药货值应该核算抽检样品，本案中抽检机构支付了抽检样品费用，故核算违法所得也应该核算抽检样品。

3. 相关证据的收集：由于《兽药管理条例》规定兽药经营是取得许可后方可实施具体活动的行为，此类案件建议收集《兽药经营许可证》。

本案例为了保护当事人和处罚案卷等相关信息，在实际案例的基础上进行了修饰和完善，以虚拟的当事人、执法人员和处罚机关的形式编写了此案例，特此说明。

××省平安市农业局

××农兽药罚〔2015〕8号

关于××兽药经营公司经营劣兽药的行政处罚案

自 2015 年 9 月至 2015 年 10 月	保管期限	长期
本卷共 34 件 43 页	归档号	

全宗号	目录号	案卷号

卷 内 文 件 目 录

序号	文件号	文件材料名称	日期	页号	责任者	备注
1	××农兽药罚〔2015〕8 号	行政处罚决定书	2015.9.23	1～4	××省平安市农业局	/
2	/	送达回证	2015.9.23	5	贺× 严×	/
3	××农兽药立〔2015〕8 号	行政处罚立案审批表	2015.9.9	6	张×	/
4	/	现场检查笔录	2015.9.10	7	贺× 严×	/
5	/	询问笔录	2015.9.10	8～10	贺× 严×	/
6	/	证据材料	2015.9.9	11	贺× 严×	/
7	/	证据材料	2015.9.9	12	贺× 严×	/
8	/	证据材料	2015.9.9	13	贺× 严×	/
9	/	证据材料	2015.9.10	14	贺× 严×	/
10	/	证据材料	2015.9.10	15	贺× 严×	/
11	/	证据材料	2015.9.10	16	贺× 严×	/
12	/	证据材料	2015.9.10	17	贺× 严×	/
13	/	证据材料	2015.9.10	18	贺× 严×	/
14	/	证据材料	2015.9.10	19	贺× 严×	/
15	/	证据材料	2015.9.10	20	贺× 严×	/
16	/	重大案件集体讨论记录	2015.9.14	21～23	张×	/
17	/	案件处理意见书	2015.9.14	24～25	张×	/
18	××农兽药告〔2015〕8 号	行政处罚事先告知书	2015.9.14	26～27	××省平安市农业局	/
19	/	责令改正通知书	2015.9.14	28	××省平安市农业局	/
20	/	送达回证	2015.9.15	29	贺× 严×	/
21	/	行政处罚决定审批表	2015.9.23	30	张×	/
22	第 150108 号	行政处罚缴款书	2015.9.23	31	××省平安市农业局	/
23	第 0070887 号	没收物品统一收据	2015.9.23	32	××省平安市农业局	/

（续）

序号	文件号	文件材料名称	日期	页号	责任者	备注
24	/	复查记录	2015.10.9	33	贺× 严×	/
25	/	罚没物品处理记录	2015.10.12	34	贺× 严×	/
26	/	行政处罚结案报告	2015.10.28	35	张×	/
27	/	行政强制措施事项审批表	2015.9.10	36	张×	/
28	××农兽药查〔2015〕8号	查封决定书	2015.9.10	37	××省平安市农业局	/
29	第20158号	查封物品清单	2015.9.10	38	××省平安市农业局	/
30	××农兽药通〔2015〕8号	行政强制措施通知书	2015.9.10	39	××省平安市农业局	/
31	/	送达回证	2015.9.10	40	贺× 严×	/
32	/	行政强制措施现场笔录	2015.9.10	41	贺× 严×	/
33	××农兽药强〔2015〕8号	行政强制措施处理决定书	2015.9.23	42	××省平安市农业局	/
34	/	送达回证	2015.9.23	43	贺× 严×	/

××省平安市农业局
行政处罚决定书

××农兽药罚〔2015〕8号

单位名称：××兽药经营公司

单位地址：××省平安市大望区平顺路8号

法定代表人：赵×

2015年9月9日，××省平安市农业局收到××省平安市兽药监察所编号为ABC1234和编号为ABC555检验报告。编号为ABC1234的检验报告显示：抽样日期为2015年5月15日，受检单位为××兽药经营公司，生产单位为××省平安市兽药厂，样品名称为恩诺沙星可溶性粉，样品批号14061803，样品规格为100 g：10 g/袋，检验结果为含量测定不符合兽药标准规定。编号为ABC555的检验报告显示：抽样日期为2015年5月15日，受检单位为××兽药经营公司，生产单位为××省平安市兽药厂，样品名称为环丙沙星可溶性粉，样品批号14061808，样品规格为50 g：1 g/袋、检验结果为含量测定不符合兽药标准规定。《兽药管理条例》第四十八条第一项规定：成分含量不符合国家兽药标准或者不标明有效成分的为劣兽药。××兽药经营公司经营的批号为14061803的恩诺沙星可溶性粉和批号为14061808的环丙沙星可溶性粉含量测定均不符合规定，为劣兽药。当事人涉嫌违反《兽药管理条例》第二十七条第三款"禁止兽药经营企业经营人用药品和假、劣兽药"的规定，于2015年9月9日本机关立案调查。

现查明：

当事人于2015年4月5日采购了500袋××省平安市兽药厂生产的恩诺沙星可溶性粉（商品名为达能，批号为14061803，规格100 g：10 g/袋），2015年4月6日采购了500袋××省平安市兽药厂生产的环丙沙星可溶性粉（商品名为健能，批号为14061808，规格50 g：1 g/袋）。批号为14061803的恩诺沙星可溶性粉销售价格为20元/袋，500袋货值金额为10 000元，库存100袋尚未销售，销售400袋销售所得为8 000元。批号为14061808的环丙沙星可溶性粉销售价格为15元/袋，500袋货值金额为7 500元，销售500袋销售所得为7 500元。这2批兽药货值共计17 500元，销售金额为15 500元。

上述事实有以下证据予以证明：

证据一：编号为ABC1234和编号为ABC555检验报告2份，证明批号为14061803的恩诺沙星可溶性粉和批号为14061808的环丙沙星可溶性粉含量测定均不符合规定，该2批兽药为当事人所经营。

证据二：兽药产品质量监督抽样单2份，证明兽药抽样样品经过当事人确认，样品是当事人经营的兽药产品，检测报告为抽检样品的检测结果。

证据三：现场检查笔录1份，证明2批兽药采购、入库和库存情况。

证据四：现场检查照片1份，证明库存兽药相关情况。

证据五：兽药采购记录1份，证明采购2批兽药的批号、数量等情况。

证据六：兽药入库验收记录1份，证明2批兽药入库和验收情况。

证据七：兽药销售记录1份，证明2批兽药的销售数量、销售价格。

证据八：询问笔录1份，证明当事人为违法主体，证明2批兽药的抽检样品确认和检验结果确认，证明2批兽药采购数量、库存数量、销售数量、销售价格、货值、违法所得等经营情况。

证据九：企业法人营业执照（副本）复印件1份，证明其身份和主体资格适格。

证据十：兽药经营许可证复印件1份，证明当事人具备经营兽药资格。

2015年9月14日向当事人送达了《行政处罚事先告知书》和《责令整改通知书》。当事人在规定时间内未向本机构进行陈述、申辩和申请听证。

本机关认为：当事人经营劣兽药的行为违反了《兽药管理条例》第二十七条第三款之规定。

鉴于当事人经营劣兽药货值为17 500元，依据《兽药管理条例》第五十六条第一款"违反本条例规定，无兽药生产许可证、兽药经营许可证生产、经营兽药的，或者虽有兽药生产许可证、兽药经营许可证，生产、经营假、劣兽药的，或者兽药经营企业经营人用药品的，责令其停止生产、经营，没收用于违法生产的原料、辅料、包装材料及生产、经营的兽药和违法所得，并处违法生产、经营的兽药（包括已出售的和未出售的兽药，下同）货值金额2倍以上5倍以下罚款，货值金额无法查证核实的，处10万元以上20万元以下罚款；无兽药生产许可证生产兽药，情节严重的，没收其生产设备；生产、经营假、劣兽药，情节严重的，吊销兽药生产许可证、兽药经营许可证；构成犯罪的，依法追究刑事责任；给他人造成损失的，依法承担赔偿责任。生产、经营企业的主要负责人和直接负责的主管人员终身不得从事兽药的生产、经营活动"的规定，同时依据××省农业行政处罚裁量基准第一百一十六条和 ××省农业行业违法行为处罚裁量基准表C21118A020"经营假兽药货值金额1万元以上不足2万元的，责令其停止生产、经营，没收用于违法生产的原料、辅料、包装材料及生产、经营的兽药和违法所得，并处违法生产、经营的兽药（包括已出售的和未出售的兽药）货值金额3倍罚款；货值金额无法查证核实的，处15万元以上20万元以下罚款"的规定，自由裁量幅度应为处违法经营的兽药货值金额3倍罚款。

综上所述，依据《兽药管理条例》第五十六条第一款、××省农业行政处罚裁量基准第一百一十六条和 ××省农业行业违法行为处罚裁量基准表C21118A020的规定，本机构已责令当事人停止经营劣兽药的行为，经本机构负责人集体讨论决定，现作出如下行政处罚决定：

1. 没收尚未销售的100袋恩诺沙星可溶性粉；

2. 没收违法所得15 500元；

3. 处违法经营的兽药货值金额3倍罚款，即罚款52 500元。

以上罚没款总计68 000元。

当事人必须在收到本处罚决定书之日起15日内持本决定书到平安市幸福区工商银行缴纳罚没款。逾期不按规定缴纳罚款的，每日按罚款数额的3‰加处罚款。

当事人对本处罚决定不服的，可以在收到本处罚决定书之日起60日内向××省平安市幸福区人民政府或××省农业局申请行政复议；或者六个月内向××省平安市幸福区人民法院提起行政诉讼。行政复议和行政诉讼期间，本处罚决定不停止执行。

当事人逾期不申请行政复议或提起行政诉讼，也不履行本行政处罚决定的，本机关将依法申请人民法院强制执行。

××省平安市农业局

2015 年 9 月 23 日

送 达 回 证

处罚机关印章：××省平安市农业局

案　由	经营劣兽药案
受送达人	××兽药经营公司
送达单位	××省平安市农业局

送达文书及文号	送达地点	送达人	送达方式	收到日期及时间	收件人签名
行政处罚决定书（××农兽药罚〔2015〕8号）	××省平安市大望区平顺路8号	贺× 严×	直接送达	2015年9月23日10：00	赵×
行政处罚缴款书第150108号	××省平安市大望区平顺路8号	贺× 严×	直接送达	2015年9月23日10：00	赵×
以下无内容					
备　注					

行政处罚立案审批表

××农兽药立〔2015〕8号

<table>
<tr><td colspan="2">案件来源</td><td colspan="2">监督抽检</td><td>受案时间</td><td>2015年9月9日</td></tr>
<tr><td colspan="2">案　由</td><td colspan="4">××兽药经营公司涉嫌经营劣兽药案</td></tr>
<tr><td rowspan="2">当事人</td><td rowspan="2">单位</td><td>名称</td><td>××兽药经营公司</td><td>法定代表人</td><td>赵×</td></tr>
<tr><td>地址</td><td>××省平安市大望区平顺路8号</td><td>电话</td><td>33312348888</td></tr>
<tr><td colspan="2">简要案情</td><td colspan="4">2015年9月9日，××省平安市农业局收到××省平安市兽药监察所编号为ABC1234和编号为ABC555检验报告。编号为ABC1234的检验报告显示：抽样日期为2015年5月15日，受检单位为××兽药经营公司，生产单位为××省平安市兽药厂，样品名称为恩诺沙星可溶性粉、样品批号为14061803、样品规格为100 g∶10 g/袋、检验结果为含量测定不符合兽药标准规定。编号为ABC555的检验报告显示：抽样日期为2015年5月15日，受检单位为××兽药经营公司，生产单位为××省平安市兽药厂，样品名称为环丙沙星可溶性粉、样品批号为14061808，样品规格为50 g∶1 g/袋，检验结果为含量不符合兽药标准规定。《兽药管理条例》第四十八条第一项规定：成分含量不符合国家兽药标准或者不标明有效成分的为劣兽药。××兽药经营公司经营的批号为14061803的恩诺沙星可溶性粉和批号为14061808的环丙沙星可溶性粉含量测定均不符合规定，其均为劣兽药。
当事人涉嫌经营劣兽药的行为违反了《兽药管理条例》第二十七条第三款的规定，建议立案查处。

受案人签名：贺×　严×
2015年9月9日</td></tr>
<tr><td colspan="2">执法单位意见</td><td colspan="4">同意立案。
签名：王×
2015年9月9日</td></tr>
<tr><td colspan="2">业务部门意见</td><td colspan="4">同意立案。
签名：李×
2015年9月9日</td></tr>
<tr><td colspan="2">法制部门意见</td><td colspan="4">同意立案。
签名：刘×
2015年9月9日</td></tr>
<tr><td colspan="2">处罚机关意见</td><td colspan="4">同意立案。
签名：张×
2015年9月9日</td></tr>
</table>

现场检查笔录

时间： 2015 年 9 月 10 日 10 时 30 分至 11 时 5 分

检查地点： ××省平安市大望区平顺路 8 号

当事人：

单位名称： ××兽药经营公司

法定代表人（负责人）：赵×

地址：××省平安市大望区平顺路 8 号

检查（勘验）机关： ××省平安市农业局

检查（勘验）人员： 贺×　　**执法证件号：** ××农业 987654

严×　　**执法证件号：** ××农业 987658

记录人： 严×

现场检查情况： ××省平安市农业局执法人员出示证件，表明身份，说明来意。检查了××兽药经营公司的《兽药采购记录》和《兽药入库验收记录》，2 种记录记载了该公司 2015 年 4 月 5 日采购××省平安市兽药厂生产的恩诺沙星可溶性粉（商品名为达能，批号为 14061803，规格为 100 g：10 g/袋）500 袋，2015 年 4 月 6 日采购××省平安市兽药厂生产的环丙沙星可溶性粉（商品名为健能，批号为 14061808，规格为 50 g：1 g/袋）500 袋。在库房内发现 100 袋批号为 14061803 恩诺沙星可溶性粉。当事人不能提供上述 2 种兽药采购凭证，兽药没有价格标签及关于标价的材料。现场对兽药进行拍照。

当事人签名或盖章：赵×　　2015.9.10

执法人员签名或盖章：贺×　严×　2015.9.10

（第 1 页共 1 页）

询 问 笔 录

询问时间：2015 年 9 月 10 日 11 时 10 分至 12 时 0 分

询问地点：××省平安市大望区平顺路 8 号

询问机关：××省平安市农业局

询问人：贺×　　**执法证件号**：××农业 987654

　　　　严×　　**执法证件号**：××农业 987658

记录人：严×

被询问人：姓名：赵×　　性别：男　　年龄：39

　　　　身份证号13213219750115××××　　联系电话：33312348888

　　　　工作单位：××兽药经营公司　　职务：总经理

　　　　住址：××省平安市幸福区永平路 12 号

问：我们是××省平安市农业局执法人员（出示执法证件），现依法向你进行询问调查。你应当如实回答我们的询问并协助调查，作伪证要承担法律责任，你听清楚了吗？

答：确认了执法证件，听清楚了。

问：你有申请执法人员回避的权利，需要执法人员回避吗？

答：不需要回避。

问：请如实说明你的基本情况并提供你的居民身份证明和复印件。

答：我叫赵×，39 周岁，现任××兽药经营公司法定代表人、总经理，负责公司兽药经营业务，这是我的身份证原件和复印件。

问：请介绍你公司的基本情况。

答：我公司名称是××兽药经营公司，2012 年 5 月 9 日取得兽药经营许可证，证号为（2012）兽药经营证字 01002001 号，经营范围为中成药、抗生素，公司地址是××省平安市大望区平顺路 8 号。

问：请提供你公司的企业法人营业执照和兽药经营许可证的原件及复印件。

答：可以。

被询问人签名或盖章：赵×　　2015.9.10

执法人员签名或盖章：贺× 严×　　2015.9.10

（第 1 页共 3 页）

笔 录 纸

问：2015年5月15日××省平安市兽药监察所抽检了批号为14061803恩诺沙星可溶性粉和批号为14061808环丙沙星可溶性粉，抽检数量是多少？

答：各4袋，这是抽样单。

问：抽检时支付样品费了吗？

答：2种兽药都是按照我公司销售价格给的样品费，记录在兽药销售记录中。

问：××省平安市兽药监察所编号为ABC1234的检验报告显示你公司经营的批号为14061803的恩诺沙星可溶性粉含量测定不符合兽药标准规定，编号为ABC555的检验报告显示你公司经营的批号为14061808的环丙沙星可溶性粉含量测定不符合兽药标准规定。请你看一下这2份检验报告。

答：好的，上周已向××省平安市兽药监察所回复确认了，认可检测结果。

问：是什么时间购买恩诺沙星可溶性粉（商品名为达能，批号为14061803，规格为100 g：10 g/袋）和环丙沙星可溶性粉（商品名为批号为健能，批号为14061808，规格为50 g：1 g/袋）？

答：2015年4月5日采购了500袋批号为14061803恩诺沙星可溶性粉，2015年4月6日采购了500袋批号为14061808环丙沙星可溶性粉。

问：请出示这2批兽药的采购记录。

答：好的，这是2批兽药的采购记录和入库验收记录。

问：这2批兽药的采购价格是多少？

答：恩诺沙星可溶性粉采购价格15元/袋，环丙沙星可溶性粉采购价格10元/袋。

问：你能提供供货方出具的销售凭证吗？

答：没有。

问：请提供这2批兽药供货单位资质、与供货单位签订采购合同或兽药采购凭证？

答：没有这些，兽药是一位叫张浩的人从外省快递过来的，没有任何凭证。

问：你能联系一下张浩吗？

被询问人签名或盖章：赵× 2015.9.10

执法人员签名或盖章：贺× 严× 2015.9.10

答：找不到他了，他可能知道这2批兽药检测结果不合格，电话停机了。

问：这2批兽药共销售了多少？

答：批号为14061803的恩诺沙星可溶性粉销售400袋，还有100袋存放在库房。批号为14061808的环丙沙星可溶性粉销售500袋。这是销售记录。

问：这2批兽药的销售价格是多少？

答：恩诺沙星可溶性粉的销售价格为20元/袋，400袋销售金额共计8 000元，环丙沙星可溶性粉的销售价格为15元/袋，500袋销售金额共计7 500元，这2批兽药总计销售了15 500元。

问：这2批兽药销售到哪了？

答：卖给3个养殖户，接到检测结果就到养殖场了解情况，兽药都用完了。

问：养殖户使用这2批兽药，动物有不良反应吗？

答：没有。

问：你公司经营的批号为14061803恩诺沙星可溶性粉和批号为14061808环丙沙星可溶性粉含量测定不符合兽药标准规定，属于《兽药管理条例》第四十八条第一项规定的情形，为劣兽药，你清楚吗？

答：清楚。

问：依据《兽药管理条例》第二十七条第三款的规定，禁止经营假、劣兽药，你知道这个规定吗？

答：知道这个法律规定，但购买时不知道这2批兽药是劣兽药。

问：依据《中华人民共和国行政处罚法》第六条第一款的规定（宣读法律），你有陈述和申辩的权利，你听清楚了吗？

答：我听清楚了。

问：你还有什么需要补充的吗？

答：没有。

被询问人签名或盖章：赵× 2015.9.10

执法人员签名或盖章：贺× 严× 2015.9.10

（第3页共3页）

证 据 材 料

××省兽药监察所

兽用药品检验报告

编号：ABC1234

样品名称	恩诺沙星可溶性粉	样品批号	14061803
样品规格	100g:10g	样品状态	包装良好
生产单位	××兽药股份有限公司	抽样人	杜× 梁×
受检单位	××兽药经营公司	样品数量	4袋×100g/袋
检验类别	监督检验	受检日期	2015.5.15
检验项目	行政、外观均匀度、含量测定	报告日期	2015.9.1
检验依据	农业部公告第××××号恩诺沙星可溶性粉质量标准		

检验项目	标准规定	检验结果	项目结论
【形状】	应为白色或类白色粉末	类白色粉末	符合规定
【检查】			
外观均匀度	应符合规定	符合规定	符合规定
【含量测定】	含恩诺沙星($C_{19}H_{22}FN_3O_3$)应为标示量的90.0%~110.0%	43%	不符合规定
	（以下空白）		

检验结论：结果不符合规定。

编制：马×　　审核：王×　　　　批准：张×　　2015.9.2

制作说明：

1. 证据内容：编号为 ABC1234 检验报告
2. 证据收集时间：2015 年 9 月 9 日
3. 证据收集人：贺× 严×
4. 证据收集方式：××省平安市兽药监察所提供

证 据 材 料

××省兽药监察所
兽用药品检验报告

编号：ABC555

样品名称	环丙沙星可溶性粉	样品批号	14061808
样品规格	50g：10g	样品状态	包装良好
生产单位	××兽药股份有限公司	抽样人	杜× 梁×
受检单位	××兽药经营公司	样品数量	4袋×100g/袋
检验类别	监督检验	受检日期	2015.5.15
检验项目	行政、外观均匀度、含量测定	报告日期	2015.9.1
检验依据	农业部公告第××××号恩诺沙星可溶性粉质量标准		

检验项目	标准规定	检验结果	项目结论
【形状】	应为白色或类白色粉末	类白色粉末	符合规定
【检查】			
外观均匀度	应符合规定	符合规定	符合规定
【含量测定】	含盐酸环丙沙星		
	(C17H18FN3O3·HCl)应为标示量的	38%	不符合规定
	90.0%～110.0%		
	(以下空白)		

检验结论：结果不符合规定。

编制：马×　审核：王×　　批准：张×　2015.9.2

制作说明：

1. 证据内容：编号为 ABC555 检验报告
2. 证据收集时间：2015 年 9 月 9 日
3. 证据收集人：贺× 严×
4. 证据收集方式：××省平安市兽药监察所提供

证 据 材 料

兽药产品质量监督抽样单

抽样编号	HN1234	抽样日期	2015 年 5 月 15 日
兽药名称	恩诺沙星可溶性粉	生产、配制单位或产地	××省平安市
规格.	100g:10g/袋	批号	14061803
抽样数量	4 袋	效期	/
已销售或使用数量	0 袋	库存数量	500 袋
被抽样单位	××兽药经营公司	被抽样场所	库房
抽样单位（盖章）抽样人签名	王×	被抽样单位（盖章）有关负责人签名	赵×

注：本凭证一式三联，第一联存根，第二联交被抽样单位，第三联交兽药检验机构随检品卡流转

兽药抽样记录及凭证

抽样编号	HN555	抽样日期	2015 年 5 月 15 日
兽药名称	环丙沙星可溶性粉	生产、配制单位或产地	××省平安市
规格	50:1g/袋	批号	14061808
抽样数量	4 袋	效期	/
已销售或使用数量	0 袋	库存数量	500 袋
被抽样单位	××兽药经营公司	被抽样场所	库房
抽样单位（盖章）抽样人签名	王×	被抽样单位（盖章）有关负责人签名	赵×

此复印件由本公司提供，与原件一致。
2015.9.10

制作说明：

1. 证据内容：兽药产品质量监督抽样单复印件
2. 证据收集时间：2015 年 9 月 10 日
3. 证据收集人：贺×　严×
4. 证据收集方式：××兽药经营公司提供

证 据 材 料

企业法人营业执照

（副 本）编号：

注册号：

名　　称	XX兽药经营公司
住　　所	XX省平安市大望区平顺路8号
法定代表人姓名	赵X
注册资本	1000万元人民币
实收资本	1000万元人民币
公司类型	有限公司
经营范围	许可经营项目：无。一般经营项目：生物、医药、环境、化学产品与工程约技术的研究、开发、成果转让与工程服务；食品检测试剂产品、生物技术产品、实验室产品（上述产品不含化学试剂）的生产、销售与服务；技术咨询；技术服务。

成立日期	2010年12月8日
营业期限	2010年12月8日 至2030年12月7日

须知

已参加
2010年度
年检

年度检验情况

2010年12月8日

此复印件由本公司提供，与原件一致。

2015.9.10

制作说明：

1. 证据内容：营业执照（副本）复印件
2. 证据收集时间：2015 年 9 月 10 日
3. 证据收集人：贺X　严X
4. 证据收集方式：××兽药经营公司提供

证 据 材 料

中华人民共和国

兽药经营许可证

证号：（ 2012 ）兽药经营证字0100200号

企业名称：XX兽药经营公司

经营地址：XX省平安市大望区平顺路8号

法定代表人：赵×

住　　址：××省平安市幸福区永平路12号

经营范围：销售兽用化学药品、抗生素、中成药、消毒剂（不含　　　　　　）***

　　　　经审核，符合《兽药经营质量管理规范》要求，准予从事兽药经营。

发证机关：

有效期至　2017 年 5月 8日

发证日期：2012 年 5 月 9 日

此复印件由本公司提供，与原件一致。

2015.9.10

制作说明：

1. 证据内容：兽药经营许可证复印件
2. 证据收集时间：2015 年 9 月 10 日
3. 证据收集人：贺×　严×
4. 证据收集方式：××兽药经营公司提供

证 据 材 料

兽药采购记录								
采购日期	商品名称	通用名称	批号	剂型	规格	价格	数量（袋）	供货商
2015.4.5	达能	恩诺沙星可溶性粉	14061803	粉剂	100 g：10 g/袋	15 元/袋	500	张浩
2015.4.6	健能	环丙沙星可溶性粉	14061808	粉剂	50 g：1 g/袋	10 元/袋	500	张浩

经手人：牛×

此复印件由本公司提供，与原件一致。
2015.9.10

制作说明：
1. 证据内容：《兽药采购记录》复印件
2. 证据收集时间：2015 年 9 月 10 日
3. 证据收集人：贺×　严×
4. 证据收集方式：由××兽药经营公司提供

证 据 材 料

兽药入库验收记录

入库日期	名称	批号	规格	数量	外观
2015.4.5	恩诺沙星可溶性粉	14061803	100 g：10 g/袋	500	正常
2015.4.6	环丙沙星可溶性粉	14061808	50 g：1 g/袋	500	正常

经手人：赵×

此复印件由本公司提供，与原件一致。
2015.9.10

制作说明：

1. 证据内容：《兽药入库验收记录》复印件

2. 证据收集时间：2015 年 9 月 10 日

3. 证据收集人：贺×　严×

4. 证据收集方式：由××兽药经营公司提供

证 据 材 料

<table>
<tr><th colspan="10">兽药销售记录</th></tr>
<tr><th>销售日期</th><th>商品名称</th><th>通用名称</th><th>批号</th><th>剂型</th><th>规格</th><th>销售价格</th><th>数量（袋）</th><th>购买人</th></tr>
<tr><td>2015.5.15</td><td>达能</td><td>恩诺沙星可溶性粉</td><td>14061803</td><td>粉剂</td><td>100 g：10 g/袋</td><td>20 元/袋</td><td>4</td><td>兽药监督抽检</td></tr>
<tr><td>2015.5.15</td><td>健能</td><td>环丙沙星可溶性粉</td><td>14061808</td><td>粉剂</td><td>50 g：1 g/袋</td><td>15 元/袋</td><td>4</td><td>兽药监督抽检</td></tr>
<tr><td>2015.5.16</td><td>达能</td><td>恩诺沙星可溶性粉</td><td>14061803</td><td>粉剂</td><td>100 g：10 g/袋</td><td>20 元/袋</td><td>180</td><td>养殖户王×</td></tr>
<tr><td>2015.5.16</td><td>健能</td><td>环丙沙星可溶性粉</td><td>14061808</td><td>粉剂</td><td>50 g：1 g/袋</td><td>15 元/袋</td><td>210</td><td>养殖户王×</td></tr>
<tr><td>2015.5.20</td><td>达能</td><td>恩诺沙星可溶性粉</td><td>14061803</td><td>粉剂</td><td>100 g：10 g/袋</td><td>20 元/袋</td><td>120</td><td>养殖户魏×</td></tr>
<tr><td>2015.5.20</td><td>健能</td><td>环丙沙星可溶性粉</td><td>14061808</td><td>粉剂</td><td>50 g：1 g/袋</td><td>15 元/袋</td><td>160</td><td>养殖户魏×</td></tr>
<tr><td>2015.5.26</td><td>达能</td><td>恩诺沙星可溶性粉</td><td>14061803</td><td>粉剂</td><td>100 g：10 g/袋</td><td>20 元/袋</td><td>96</td><td>养殖户徐×</td></tr>
<tr><td>2015.5.26</td><td>健能</td><td>环丙沙星可溶性粉</td><td>14061808</td><td>粉剂</td><td>50 g：1 g/袋</td><td>15 元/袋</td><td>126</td><td>养殖户徐×</td></tr>
</table>

经手人：牛×

此复印件由本公司提供，与原件一致。
2015.9.10

制作说明：
1. 证据内容：《兽药销售记录》复印件
2. 证据收集时间：2015 年 9 月 10 日
3. 证据收集人：贺× 严×
4. 证据收集方式：由××兽药经营公司提供

证 据 材 料

制作说明：

1. 证据内容：兽药照片

2. 证据收集时间：2015 年 9 月 10 日

3. 证据收集人：贺× 严×

4. 证据收集方式：现场拍照

证 据 材 料

身份证正面

身份证反面

此复印件由本人提供，与原件一致。

赵××. 2015.9.10

制作说明：

1. 证据内容：居民身份证复印件
2. 证据收集时间：2015 年 9 月 10 日
3. 证据收集人：贺× 严×
4. 证据收集方式：由赵×提供

重大案件集体讨论记录

案由：××兽药经营公司经营劣兽药案

主持人：贺×　　**职务：**局长　　**记录人：**张×　　**职务：**副处长

出席人及职务：贺×（局长）、李×（副局长）、刘×（处长）、赵×（处长）、张×（副处长）

列席人及职务：

讨论时间2015年9月14日9时10分至11时5分

讨论地点：××省平安市农业局五楼508会议室

讨论记录：

严×**介绍案情：**2015年9月9日，××省平安市农业局收到××省平安市兽药监察所编号为ABC1234和编号为ABC555检验报告。编号为ABC1234的检验报告显示：抽样日期为2015年5月15日，受检单位为××兽药经营公司，生产单位为××省平安市兽药厂，样品名称为恩诺沙星可溶性粉，样品批号为14061803，样品规格为100 g：10 g/袋，检验结果为含量测定不符合兽药标准规定。编号为ABC555的检验报告显示：抽样日期为2015年5月15日，受检单位为××兽药经营公司，生产单位为××省平安市兽药厂，样品名称为环丙沙星可溶性粉，样品批号为14061808，样品规格为50 g：1 g/袋，检验结果为含量不符合兽药标准规定。《兽药管理条例》第四十八条第一项规定：成分含量不符合国家兽药标准或者不标明有效成分的为劣兽药。××兽药经营公司经营的批号为14061803的恩诺沙星可溶性粉和批号为14061808的环丙沙星可溶性粉含量测定均不符合兽药标准规定，为劣兽药。当事人涉嫌违反《兽药管理条例》第二十七条第三款"禁止兽药经营企业经营人用药品和假、劣兽药"的规定。2015年9月9日，××省平安市农业局执法人员申请立案，当日批准立案。

2015年9月10日××省平安市农业局执法人员对××兽药经营公司进行了检查，对法定代表人赵×进行了询问，收集了《监督抽样单》《兽药采购记录》《兽药入库验收记录》和《兽药销售记录》，经调查，确认当事人2015年4月5日采购了500袋××省平安市兽药厂生产的恩诺沙星可溶性粉（商品名为达能，批号为14061803，规格为100 g：10 g/袋），2015年4月6日采购了500袋××省平安市兽药厂生产的环丙沙星可溶性粉（商品名为健能，批号为14061808，规格为50 g：1 g/袋），库房内存有批号为14061803恩诺沙星可溶性粉100袋。批号为14061803的恩诺沙星可溶性粉销售价格为20元/袋，500袋货值金额为10 000元，销售400袋销售所得为8 000元。批号为14061808的环丙沙星可溶性粉销售价格为15元/袋，500袋货值金额为7 500元，销售500袋销售所得为7 500元。这2批兽药货值共计17 500元，销售金额为15 500元。2015年9月10日，执法人员对库房中存放的100袋批号为14061803的恩诺沙星可溶性粉进行了查封。当场制作了《现场检查笔录》和《询问笔录》，当事人承认经营批号为14061803的恩诺沙星可溶性粉和批号为

（共3页第1页）

131

14061808 的环丙沙星可溶性粉兽药产品的事实。

当事人经营劣兽药的行为有检验报告、监督抽样单、询问笔录、现场检查笔录、兽药采购记录、兽药入库验收记录、兽药销售记录为佐证，本案现已全部调查完毕，违法事实成立，证据确凿。

当事人经营劣兽药的行为违反了《兽药管理条例》第二十七条第三款之规定。依照《兽药管理条例》第五十六条第一款"违反本条例规定，无兽药生产许可证、兽药经营许可证生产、经营兽药的，或者虽有兽药生产许可证、兽药经营许可证，生产、经营假、劣兽药的，或者兽药经营企业经营人用药品的，责令其停止生产、经营，没收用于违法生产的原料、辅料、包装材料及生产、经营的兽药和违法所得，并处违法生产、经营的兽药（包括已出售的和未出售的兽药，下同）货值金额2倍以上5倍以下罚款，货值金额无法查证核实的，处 10 万元以上 20 万元以下罚款；无兽药生产许可证生产兽药，情节严重的，没收其生产设备；生产、经营假、劣兽药，情节严重的，吊销兽药生产许可证、兽药经营许可证；构成犯罪的，依法追究刑事责任；给他人造成损失的，依法承担赔偿责任。生产、经营企业的主要负责人和直接负责的主管人员终身不得从事兽药的生产、经营活动"的规定，同时根据××省农业行政处罚裁量基准第一百一十六条和 ××省农业行业违法行为处罚裁量基准表 C21118A020"经营假兽药货值金额 1 万元以上不足 2 万元的，责令其停止生产、经营，没收用于违法生产的原料、辅料、包装材料及生产、经营的兽药和违法所得，并处违法生产、经营的兽药（包括已出售的和未出售的兽药）货值金额 3 倍罚款；货值金额无法查证核实的，处 15 万元以上 20 万元以下罚款"的规定。建议作出如下行政处罚决定：

1. 没收尚未销售的 100 袋恩诺沙星可溶性粉；

2. 没收违法所得 15 500 元；

3. 处违法经营的兽药货值金额 3 倍罚款，即罚款 52 500 元。

以上罚没款总计 68 000 元。

贺×发言：当事人经营劣兽药的违法事实成立，证据确凿，应严格按照《兽药管理条例》第五十六条第一款、××省农业行政处罚裁量基准第一百一十六条和 ××省农业行业违法行为处罚裁量基准表 C21118A020 的规定给予处理，同意作出上述行政处罚决定。

李×发言：同意作出上述行政处罚决定。

刘×发言：同意作出上述行政处罚决定。

张×发言：同意作出上述行政处罚决定。

赵×发言：同意作出上述行政处罚决定。

主持人贺×结论意见：会议达成一致意见，当事人经营劣兽药的行为违反了《兽药管理条例》第二十七条第三款的规定，依据《兽药管理条例》第五十六条第一款、××省农业行政处罚裁量基准第一百一十六条和 ××省农业行业违法行为处罚裁量基准表 C21118A020 的规定，作出如下行政处罚决定：

1. 没收尚未销售的 100 袋恩诺沙星可溶性粉；

2. 没收违法所得 15 500 元；

3. 处违法经营的兽药货值金额 3 倍罚款，即罚款 52 500 元。

以上罚没款总计 68 000 元。

参加讨论人员签名：贺×　李×　刘×　赵×　张×

案件处理意见书

案由			××兽药经营公司经营劣兽药案		
当事人	单位	名称	××兽药经营公司	法定代表人	赵×
		地址	××省平安市大望区平顺路8号	电话	33312348888

案件调查经过	2015年9月9日，××省平安市农业局收到××省平安市兽药监察所编号为ABC1234和编号为ABC555检验报告。编号为ABC1234的检验报告显示：抽样日期为2015年5月15日，受检单位为××兽药经营公司，生产单位为××省平安市兽药厂，样品名称为恩诺沙星可溶性粉，样品批号为14061803，样品规格为100 g：10 g/袋，检验结果为含量测定不符合兽药标准规定。编号为ABC555的检验报告显示：抽样日期为2015年5月15日，受检单位为××兽药经营公司，生产单位为××省平安市兽药厂，样品名称为环丙沙星可溶性粉，样品批号为14061808，样品规格为50 g：1 g/袋，检验结果为含量不符合兽药标准规定。该2批兽药属于《兽药管理条例》第四十八条第一项规定的情形，均为劣兽药。 　2015年9月10日××省平安市农业局执法人员对××兽药经营公司进行了检查，并对法定代表人赵×进行了询问调查，收集了《监督抽样单》《兽药采购记录》《兽药入库验收记录》和《兽药销售记录》，经调查，确认当事人2015年4月5日采购了500袋××省平安市兽药厂生产的恩诺沙星可溶性粉（商品名为达能，批号为14061803，规格为100 g：10 g/袋），2015年4月6日采购了500袋××省平安市兽药厂生产的环丙沙星可溶性粉（商品名为健能，批号为14061808，规格为50 g：1 g/袋），库房内存有批号为14061803恩诺沙星可溶性粉100袋。批号为14061803的恩诺沙星可溶性粉销售价格为20元/袋，500袋货值金额为10 000元，销售400袋销售所得为8 000元。批号为14061808的环丙沙星可溶性粉销售价格为15元/袋，500袋货值金额为7 500元，销售500袋销售所得为7 500元。这2批兽药货值共计17 500元，销售金额为15 500元。2015年9月10日，执法人员对库房中存放的100袋批号为14061803的恩诺沙星可溶性粉进行了查封。当场制作了《现场检查笔录》和《询问笔录》，当事人承认经营批号为14061803的恩诺沙星可溶性粉和批号为14061808的环丙沙星可溶性粉兽药产品的事实。
所附证据材料	1. 编号为ABC1234和ABC555检验报告各1份； 　2. 营业执照（副本）复印件1份； 　3. 兽药经营许可证复印件1份； 　4. 居民身份证复印件1份； 　5. 现场检查笔录1份； 　6. 询问笔录1份； 　7. ××省兽药产品质量监督抽样单2份； 　8.《兽药采购记录》复印件1份； 　9.《兽药入库验收记录》复印件1份； 　10.《兽药销售记录》复印件1份； 　11. 现场检查照片1张。

调查结论及 处理意见	本案调查取证已全部结束，确认当事人经营劣兽药的违法事实成立。当事人经营劣兽药的行为违反了《兽药管理条例》第二十七条第三款之规定。依据《兽药管理条例》第五十六条第一款、××省农业行政处罚裁量基准第一百一十六条和××省农业行业违法行为处罚裁量基准表 C21118A020 的规定，建议责令当事人停止经营劣兽药的行为，并作出如下行政处罚决定： 1. 没收尚未销售的 100 袋恩诺沙星可溶性粉； 2. 没收违法所得 15 500 元； 3. 处违法经营的兽药货值金额 3 倍罚款，即罚款 52 500 元。 以上罚没款总计 68 000 元。 执法人员签名：贺×　严× 2015 年 9 月 14 日
执法单位 意见	同意执法人员意见。 签名：王× 2015 年 9 月 14 日
业务部门 意见	同意执法人员意见。 签名：李× 2015 年 9 月 14 日
法制部门 意见	同意执法人员意见。 签名：刘× 2015 年 9 月 14 日
处罚机关 意见	经本机关负责人集体讨论决定，同意执法人员处理意见。 签名：张× 2015 年 9 月 14 日

行政处罚事先告知书

××农兽药告〔2015〕8号

××兽药经营公司：

经调查，你单位于2015年4月5日采购了500袋××省平安市兽药厂生产的恩诺沙星可溶性粉（商品名为达能，批号为14061803，规格为100 g：10 g/袋），2015年4月6日采购了500袋××省平安市兽药厂生产的环丙沙星可溶性粉（商品名为健能，批号为14061808，规格为50 g：1 g/袋），经××省平安市兽药监察所检验，该2批兽药含量测定不符合兽药标准规定，属于《兽药管理条例》第四十八条第一项规定的情形，均为劣兽药。批号为14061803的恩诺沙星可溶性粉销售价格为20元/袋，500袋货值金额为10 000元，库存100袋，销售400袋销售所得为8 000元。批号为14061808的环丙沙星可溶性粉销售价格为15元/袋，500袋货值金额为7 500元，销售500袋销售所得为7 500元。这2批兽药货值共计17 500元，销售金额为15 500元。

你单位违反了《兽药管理条例》第二十七条第三款"禁止兽药经营企业经营人用药品和假、劣兽药"的规定，依据《兽药管理条例》第五十六条第一款"违反本条例规定，无兽药生产许可证、兽药经营许可证生产、经营兽药的，或者虽有兽药生产许可证、兽药经营许可证，生产、经营假、劣兽药的，或者兽药经营企业经营人用药品的，责令其停止生产、经营，没收用于违法生产的原料、辅料、包装材料及生产、经营的兽药和违法所得，并处违法生产、经营的兽药（包括已出售的和未出售的兽药，下同）货值金额2倍以上5倍以下罚款，货值金额无法查证核实的，处10万元以上20万元以下罚款；无兽药生产许可证生产兽药，情节严重的，没收其生产设备；生产、经营假、劣兽药，情节严重的，吊销兽药生产许可证、兽药经营许可证；构成犯罪的，依法追究刑事责任；给他人造成损失的，依法承担赔偿责任。生产、经营企业的主要负责人和直接负责的主管人员终身不得从事兽药的生产、经营活动"的规定，同时依据××省农业行政处罚裁量基准第一百一十六条和××省农业行业违法行为处罚裁量基准表C21118A020"经营假兽药货值金额1万元以上不足2万元的，责令其停止生产、经营，没收用于违法生产的原料、辅料、包装材料及生产、经营的兽药和违法所得，并处违法生产、经营的兽药（包括已出售的和未出售的兽药）货值金额3倍罚款；货值金额无法查证核实的，处15万元以上20万元以下罚款"的规定。本机关拟作出如下处罚决定：

1. 没收尚未销售的100袋恩诺沙星可溶性粉；

2. 没收违法所得15 500元；

3. 处违法经营的兽药货值金额3倍罚款，即罚款52 500元。

以上罚没款总计68 000元。

根据《中华人民共和国行政处罚法》第三十一条、三十二条和第四十二条之规定，你（单位）

可在收到本告知书之日起三日内向本机关进行陈述申辩、申请听证，逾期不陈述申辩、申请听证的，视为你（单位）放弃上述权利。

×× 省平安市农业局

2015 年 9 月 14 日

处罚机关地址：××省平安市幸福区龙庆路 8 号

联系人：贺×、严× 电话：12345××××

××省平安市农业局
责令改正通知书

××兽药经营公司：

　　你单位于 2015 年 4 月 5 日采购了××省平安市兽药厂生产的 500 袋恩诺沙星可溶性粉（商品名为达能，批号为 14061803，规格为 100 g∶10 g/袋），于 2015 年 4 月 6 日采购了××省平安市兽药厂生产的 500 袋环丙沙星可溶性粉（商品名为健能，批号为 14061803，规格为 50 g∶1 g/袋），经××省平安市兽药监察所检验，该 2 批兽药含量测定不符合兽药标准规定，属于《兽药管理条例》第四十八条第一项规定的情形，均为劣兽药。

　　你单位经营劣兽药的行为，违反了《兽药管理条例》第二十七条第三款之规定，依照《兽药管理条例》第五十六条第一款之规定，本机关责令你单位立即按下列要求改正违法行为：

　　停止经营劣兽药。

××省平安市农业局

2015 年 9 月 14 日

送 达 回 证

处罚机关印章：××省平安市农业局

案　由	经营劣兽药案				
受送达人	××兽药经营公司				
送达单位	××省平安市农业局				
送达文书及文号	送达地点	送达人	送达方式	收到日期及时间	收件人签名
行政处罚事先告知书（××农兽药告〔2015〕8号）	××省平安市大望区平顺路8号	贺×严×	直接送达	2015年9月15日 10：00	赵×
责令改正通知书	××省平安市大望区平顺路8号	贺×严×	直接送达	2015年9月15日 10：00	赵×
以下无内容					
备　注					

行政处罚决定审批表

案　由			××兽药经营公司经营劣兽药案		
案件来源			监督抽检		
当事人	单位	名称	××兽药经营公司	法定代表人	赵×
		地址	××省平安市大望区平顺路 8 号	电话	33312345678
陈述申辩情况			2015 年 9 月 15 日向当事人送达了××农兽药告〔2015〕8 号《行政处罚事先告知书》，当事人在规定时间内未向本机关进行陈述、申辩和申请听证。		
处理意见			建议维持××农兽药告〔2015〕8 号《行政处罚事先告知书》拟作出的处罚决定。即依据《兽药管理条例》第五十六条第一款、××省农业行政处罚裁量基准第一百一十六条和××省农业行业违法行为处罚裁量基准表 C21118A020 的规定，建议作出如下行政处罚决定： 　　1. 没收尚未销售的 100 袋恩诺沙星可溶性粉； 　　2. 没收违法所得 15 500 元； 　　3. 处违法经营的兽药货值金额 3 倍罚款，即罚款 52 500 元。 　　以上罚没款总计 68 000 元。 　　　　　　　　　　　　　　执法人员签名：贺×　严× 　　　　　　　　　　　　　　　　　　2015 年 9 月 23 日		
执法单位意见			同意执法人员意见。 　　　　　　　　　　　　　　　　签名：王× 　　　　　　　　　　　　　　2015 年 9 月 23 日		
业务部门意见			同意执法人员意见。 　　　　　　　　　　　　　　　　签名：李× 　　　　　　　　　　　　　　2015 年 9 月 23 日		
法制部门意见			同意执法人员意见。 　　　　　　　　　　　　　　　　签名：刘× 　　　　　　　　　　　　　　2015 年 9 月 23 日		
处罚机关意见			同意执法人员意见。 　　　　　　　　　　　　　　　　签名：张× 　　　　　　　　　　　　　　2015 年 9 月 23 日		

行政处罚缴款书

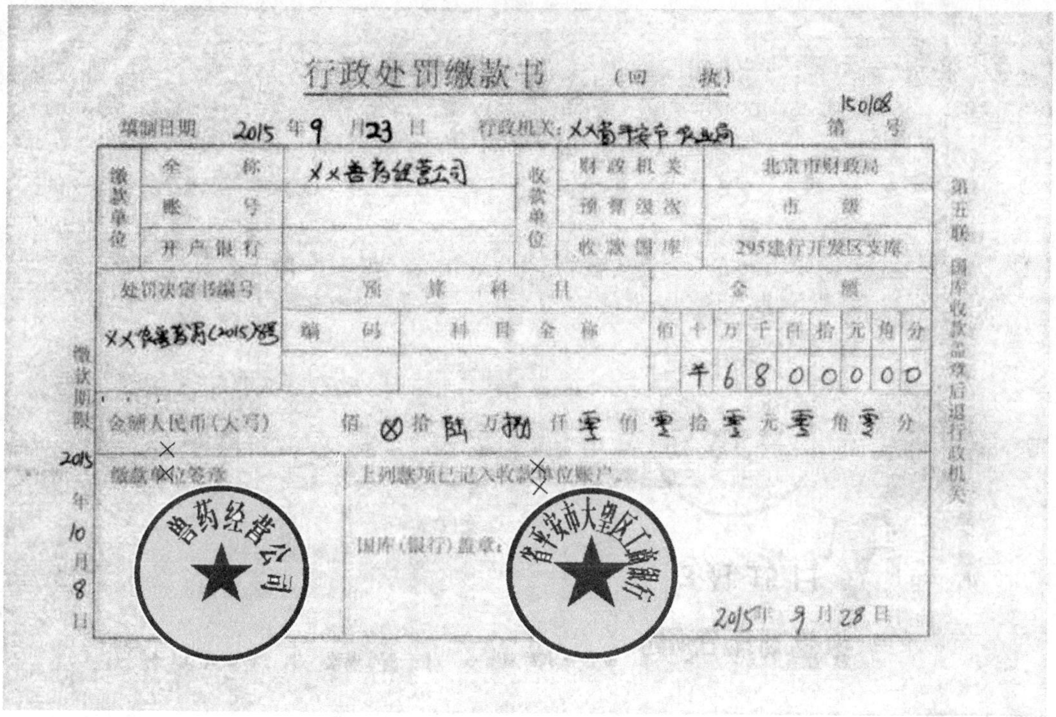

行政处罚缴款书 （回 执）

150108

填制日期 2015 年 9 月 23 日 行政机关：××省平安市农业局 第 号

缴款单位			收款单位		
	全 称	××兽药经营公司		财政机关	北京市财政局
	账 号			预算级次	市 级
	开户银行			收款国库	295建行开发区支库

处罚决定书编号	预算科目		金额								
××农兽药罚(2015)8号	编 码	科目全称	佰	十	万	千	百	拾	元	角	分
				¥	6	8	0	0	0	0	0

金额人民币（大写） 佰 ⊗ 拾 陆 万 捌 仟 零 佰 零 拾 零 元 零 角 零 分

缴款期限 2015 年 10 月 8 日

缴款单位签章

上列缴项已记入收款单位账户。

国库（银行）盖章：

2015 年 9 月 28 日

第五联 国库收款盖章后退行政机关

没收物品统一收据

北京市没收物品统一收据　No. 0007040

2015 年 9 月 23 日

被没收物品当事人	×× 兽药经营公司		行政处罚决定书编号	×× 农检罚字(2015)8号				
没收种类		没收物品						
	名称	单位	数量(大写)	价格	总计	特征	备注	
经营假兽药	思诺沙星可溶性粉	袋	壹佰				100/10袋	

复 查 记 录

时间： 2015 年 10 月 9 日 10 时 00 分至 10 时 20 分

地点： ××省平安市大望区平顺路 8 号

检查机关： ××省平安市农业局

当事人： ××兽药经营公司

检查情况： 出示证件，表明身份，说明来意。经查，没有发现当事人经营劣兽药的行为。
以下空白

执法人员： 贺×　　**执法证件号：** ××农业 987654

执法人员： 严×　　**执法证件号：** ××农业 987658

记录人： 严×

当事人签名或盖章： 赵×

罚没物品处理记录

销毁日期： 2015 年 10 月 12 日 10：20

销毁物品情况： 恩诺沙星可溶性粉，规格为 100 g：10 g/袋，批号为 14061803，数量 100 袋。

销毁地点： ××省平安市环卫集团第一分公司

监督人员： 贺× 严×

行政处罚结案报告

案　由	经营劣兽药案		
当事人	××兽药经营公司		
立案时间	2015 年 9 月 9 日	**处罚决定送达时间**	2015 年 9 月 23 日 10:00
处罚内容	××省平安市农业局对当事人作出了如下处罚决定： 1. 没收尚未销售的 100 袋恩诺沙星可溶性粉； 2. 没收违法所得 15 500 元； 3. 处违法经营的兽药货值金额 3 倍罚款，即罚款 52 500 元。 以上罚没款总计 68 000 元。		
处罚及强制的执行情况和结案意见	当事人在 2015 年 9 月 28 到银行缴纳了罚没款； 2015 年 9 月 23 日××省平安市农业局执法人员向当事人送达了××农兽药强〔2015〕8 号《行政强制措施处理决定书》，对查封的 100 袋恩诺沙星可溶性粉作出没收的处理决定； 2015 年 10 月 9 日××省平安市农业局执法人员对当事人进行了复查，当事人已改正经营劣兽药的行为。 2015 年 10 月 12 日××省平安市农业局执法人员对没收的兽药进行了销毁。 至此，行政处罚决定执行完毕，现申请结案。 　　　　　　　　　　　　　执法人员签名：贺×　严× 　　　　　　　　　　　　　2015 年 10 月 28 日		
执法单位意见	同意结案。 　　　　　　　　　　　　　　　　　签名：刘× 　　　　　　　　　　　　　　　　2015 年 10 月 28 日		
执法机关意见	同意结案。 　　　　　　　　　　　　　　　　　签名：张× 　　　　　　　　　　　　　　　　2015 年 10 月 28 日		

行政强制措施事项审批表

案　由	××兽药经营公司涉嫌经营劣兽药案
当事人基本情况	单位名称：××兽药经营公司 法定代表人：赵× 单位地址：××省平安市大望区平顺路 8 号 联系电话：33312345678
审批事项	□√ 查封□扣押□其他行政强制措施 □延长（行政强制措施种类）期限 □解除□销毁□拍卖 □涉嫌犯罪，移送 □其他处理方式（变卖、返还被侵害人或善意第三人等）
理由依据	根据××省平安市兽药监察所提供的编号为 ABC1234 的检验报告，××兽药经营公司经营的批号为 14061803 恩诺沙星含量测定均不符合兽药标准规定，属于《兽药管理条例》第四十八条第一项规定的情形，为劣兽药。2015 年 9 月 10 日，××省平安市农业局执法人员对××兽药经营公司进行了检查，发现 100 袋××省平安市兽药厂生产的批号为 14061803 恩诺沙星可溶性粉。
承办人意见	依据《兽药管理条例》第四十六条第一款之规定，拟对××兽药经营公司经营的 100 袋批号为 14061803 恩诺沙星可溶性粉兽药产品予以查封。 　　　　　　　　　　　　　　　　　　承办人：贺×　严× 　　　　　　　　　　　　　　　　　　2015 年 9 月 10 日
审批意见	同意承办人意见。 　　　　　　　　　　　　　　　　　　审批人：张× 　　　　　　　　　　　　　　　　　　2015 年 9 月 10 日

××省平安市农业局
查封决定书

（××农兽药查〔2015〕8号）

当事人：××兽药经营公司

地址：××省平安市大望区平顺路8号

理由：你公司库房存放100袋批号为14061803恩诺沙星可溶性粉，该兽药产品含量测定不符合兽药标准规定，属于《兽药管理条例》第四十八条第一项规定的情形，为劣兽药。

依据：《兽药管理条例》第四十六条第一款之规定，决定对你单位经营的上述兽药产品予以查封。详细情况见《查封物品清单》（第20158号）记载的内容。

查封期限为30日，自2015年9月10日起至2015年10月9日止。

查封地点为××省平安市大望区平顺路8号××兽药经营公司库房

如不服本决定，可以在收到本决定书之日起六十日内向××省平安市幸福区人民政府或××省农业局申请行政复议；也可以在六个月内直接向××省平安市幸福区人民法院提起行政诉讼。

附件：查封物品清单（第20158号）

××省平安市农业局

2015年9月10日

注：本决定书一式两份，一份交当事人，一份存档。

147

查封物品清单

第<u>1</u>页共<u>1</u>页（第 20158 号）

当事人：××兽药经营公司

地址：××省平安市大望区平顺路 8 号

行政强制措施决定书文号：××农兽药查〔2015〕8 号

序号	物品名称	规格型号	产地	成色（品级）	金额（元）	数量	备注
1	恩诺沙星可溶性粉	100 g：10 g/袋	××省平安市	无	15 元/袋	100 袋	批号为14061803
	以下无内容						

当事人签字：赵×

见证人签字：张××

执法人员签字：贺× 严×

××省平安市农业局

2015 年 9 月 10 日

注：本文书一式两份，一份交当事人，一份存档。

××省平安市农业局
行政强制措施通知书

（××农兽药通〔2015〕8 号）

××兽药经营公司：

因你公司涉嫌经营劣兽药，本机关依据《兽药管理条例》第四十六条第一款的规定，将对你公司库房存放的 100 袋批号为 14061803 恩诺沙星可溶性粉兽药产品实施查封。

依据《中华人民共和国行政强制法》第十八条第（四）项的规定，现通知如下事项：

1. 请于 2015 年 9 月 10 日 14 时 00 分到你公司库房，配合工作人员清点财物。

2. 委托代理人的，请向本机关提交授权委托书。

3. 无特殊原因不按时到场，且事先未说明理由的，本机关将在其他见证人的见证下，实施行政强制措施。

4. 行政机关的联系方式：11118888

××省平安市农业局

2015 年 9 月 10 日

注：本通知书一式两份，一份交当事人，一份存档。

送 达 回 证

（行政机关或授权组织印章）：××省平安市农业局

受送达人	××兽药经营公司			
送达地点	××省平安市大望区平顺路 8 号			
送达人签字	贺× 严×			
送达文书名称	送达方式	收件人签名或盖章	签收日期
查封决定书 （××农兽药查〔2015〕8 号）	直接送达	赵×	2015.9.10
行政强制措施通知书 （××农兽药通〔2015〕8 号）	直接送达	赵×	2015.9.10

注：1. 受送达人是公民的，本人不在交他的同住成年家属签收，并在备注中注明收件人与本人的关系。

　　2. 受送达人是法人或者其他组织的，应当由法人的法定代表人，其他组织的主要负责人或该法人、其他组织负责收件的人签收。

　　3. 邮寄送达的，应将挂号回执粘贴于备注中。

行政强制措施现场笔录

案由	××兽药经营公司涉嫌经营劣兽药案
时间	2015 年 9 月 10 日 14 时 0 分至 16 时 0 分
地点	××省平安市大望区平顺路 8 号
当事人基本情况	单位名称：××兽药经营公司 法定代表人：赵× 单位地址：××省平安市大望区平顺路 8 号 联系电话：33312345678
现场情况记录	××省平安市农业局兽药执法人员出示证件，表明身份。将予以查封的 100 袋批号为 14061803 恩诺沙星可溶性粉进行了清点、核对、记录，并将以上兽药封存在位于××省平安市大望区平顺路 8 号××兽药经营公司库房内。当事人法定代表人赵×和库管人员张××全程参与了查封过程。
告知事项	当事人经营的批号为 14061803 恩诺沙星可溶性粉含量测定不符合标准规定，属于《兽药管理条例》第四十八条第一项规定的情形，为劣兽药。依据《兽药管理条例》第四十六条第一款之规定，决定对以上兽药产品予以查封。 如不服本决定，可以在收到本决定书之日起六十日内向××省平安市幸福区人民政府或××省农业局申请行政复议；也可以在六个月内直接向××省平安市幸福区人民法院提起行政诉讼。
陈述申辩意见	无
当事人签字	赵×
执法人员签字	贺×　严×
见证人签字	张××

行政强制措施处理决定书

（××农兽药强〔2015〕8 号）

××兽药经营公司：

本机关于 2015 年 9 月 10 日，根据××农兽药强〔2015〕8 号《查封决定书》，对 100 袋批号为 14061803 恩诺沙星可溶性粉（详见《查封物品清单》第 20158 号）实施的查封，已结束。

依据《兽药管理条例》第五十六条第一款的规定，现对 100 袋批号为 14061803 恩诺沙星可溶性粉作出如下处理：

予以没收。

××省平安市农业局

2015 年 9 月 23 日

联系人：贺×   **联系电话：**1234××××

注：本决定书一式两份，一份交当事人，一份存档。

送 达 回 证

（行政机关或授权组织印章）：××省平安市农业局

受送达人	××兽药经营公司			
送达地点	××省平安市大望区平顺路8号			
送达人签字	贺× 严×			
送达文书名称	**送达方式**	**收件人签名或盖章**	**签收日期**	
行政强制措施处理决定书（××农兽药强〔2015〕8号）	直接送达	赵×	2015.9.23	
以下无内容				

注：1. 受送达人是公民的，本人不在交他的同住成年家属签收，并在备注中注明收件人与本人的关系。

2. 受送达人是法人或者其他组织的，应当由法人的法定代表人，其他组织的主要负责人或该法人、其他组织负责收件的人签收。

3. 邮寄送达的，应将挂号回执粘贴于备注中。

卷 内 备 考 表

本 卷 情 况 说 明

本案卷材料齐全完备，共计 43 页。

立卷人 ____贺×_____

检查人 ____张×_____

立卷时间 ____2015.10.30_____

备注：

本案卷编辑人员：鲍杰、张衍海

关于上海××饲料有限公司
生产不符合产品质量标准的饲料案

一、案情简介

1. 案情概况

在 2013 年上半年度上海市饲料产品抽检中，上海××饲料有限公司生产的"5%蛋鸡育雏期复合预混合饲料 JD51"（批号 20130223）检出砷超标，不符合《饲料卫生标准》（GB 13078—2001）规定的要求，上海市青浦区农业委员会执法大队接上级交办任务，当场送达检验报告，并依法对涉嫌违规的企业进行调查处理。通过调查查明，该批产品共生产 1.5 吨，库存 1 吨，售出 0.5 吨。执法人员依法对其进行了查处。

2. 办案经过

青浦区农业委员会执法大队在接到上海市兽药饲料监督所移交单后，依法对涉嫌违规的企业进行调查处理。执法人员当场送达了检验报告，当事人未提出异议。对成品仓库检查发现该批产品库存 1 吨，执法人员现场对库存产品采取了查封的行政强制措施，当事人未提出陈述申辩。2013 年 5 月 30 日，根据《农业行政处罚程序规定》第二十六条规定，对当事人予以立案调查。经当事人提供的相关记录和材料以及询问笔录等材料查明该批"5%蛋鸡育雏期复合预混合饲料 JD51"（批号 20130223）共生产 1.5 吨，销售价格为 2 100 元/吨，按销售价格计算该批产品货值金额为 3 150 元。该批饲料在出厂销售前未做砷指标的检验。该批饲料于 2013 年 2 月 28 日销售给该企业江苏的经销商张××0.5 吨，销售所得 1 050 元，现库存现剩余 1 吨。经查，当事人生产不符合产品质量标准（饲料卫生指标项目砷超标）的"5%蛋鸡育雏期复合预混合饲料 JD51"（批号 20130223）事实清楚、证据确凿，其行为违反了《饲料和饲料添加剂管理条例》第十八条"饲料、饲料添加剂生产企业，应当按照产品质量标准以及国务院农业行政主管部门制定的饲料、饲料添加剂质量安全管理规范和饲料添加剂安全使用规范组织生产"的规定。

3. 处理结果

依据《饲料和饲料添加剂管理条例》第四十六条第一款第（二）项"饲料、饲料添加剂生产企业、经营者有下列行为之一的，由县级以上地方人民政府饲料管理部门责令停止生产、经营，没收违法所得和违法生产、经营的产品，违法生产、经营的产品货值金额不足 1 万元的，并处 2 000 元以上 2 万元以下罚款，货值金额 1 万元以上的，并处货值金额 2 倍以上 5 倍以下罚款；构成犯罪的，依法追究刑事责任。（二）生产、经营无产品质量标准或者不符合产品质量标准的饲料、饲料添加剂的"的规定，责令当事人停止生产不符合产品质量标准的饲料，并作出如下行政处罚决定：

1. 没收违法所得 1 050 元；

2. 没收违法生产的产品"5％蛋鸡育雏期复合预混合饲料 JD51"1 吨；

3. 罚款 6 000 元。

二、案卷评查

1. 从主体合法性来看，实施行政处罚的主体上海市青浦区农业委员会是经法律授权行使饲料监管行政执法的单位，具备法定资格，且在法定职权内和管辖区域实施行政处罚，行政处罚主体适格；违法生产、经营饲料行为的实施主体为上海××饲料有限公司，被处罚主体认定准确。

2. 从行政处罚的事实认定、证据来看，违法事实的发生都有合法、充分、全面的证据予以证明，同时主要证据具有真实性、关联性和合法性，能够充分认定违法主体和违法行为，清楚认定违法事实与情节。因此，该案违法事实清楚、证据确凿。

3. 从行政处罚适用法律来看，该案件涉及生产、经营的饲料砷超标，不符合《饲料卫生标准》（GB 13078—2001）规定的要求，违反了《饲料和饲料添加剂管理条例》第十八条"饲料、饲料添加剂生产企业，应当按照产品质量标准以及国务院农业行政主管部门制定的饲料、饲料添加剂质量安全管理规范和饲料添加剂安全使用规范组织生产"的规定。根据生产数量、销售数量、销售价格换算出违法所得 1 050 元，货值金额 3 150 元，货值金额不足 1 万元，依据《饲料和饲料添加剂管理条例》第四十六条第一款第（二）项规定，责令当事人停止生产不符合产品质量标准的饲料，并作出行政处罚：1. 没收违法所得 1 050 元；2. 没收违法生产的产品"5％蛋鸡育雏期复合预混合饲料 JD51"1 吨；3. 罚款 6 000 元。实施行政处罚有明确、有效的法律依据，且适用法律正确，引用该条、款、项准确、完整，处罚种类和幅度也都是依据《饲料和饲料添加剂管理条例》第四十六条第一款第（二）项之规定，适用法律正确。

4. 从程序来看，该案严格按照行政处罚程序实施立案、调查取证、审查决定、送达执行的步骤。调查取证环节均由两名以上执法人员进行；立案及时，立案审批表经逐级上报、严格审批后立案；调查取证合法，现场检查笔录、询问笔录内容翔实，程序完备；采取的查封行政强制措施程序合法，向当事人送达了查封决定书及查封财物清单；在作出行政处罚决定前按照法定程序和法定时间向当事人送达了行政处罚事先告知书，并告知当事人享有的权利；行政处罚事先告知书、行政处罚决定书、查封决定书、查封财物清单等应当送达的法律文书均依照法定程序和法定时间送达，并有送达回证。

三、注意事项

1. 存在的不足。该案中，如果能够提供现场检查过程中的照片（包括公司成品库、库存的 5％蛋鸡育雏期复合预混合饲料 JD51、查封现场等）作为证据之一，证据将更加充分。

2. 此类案件执法过程中应注意的问题。作为处罚依据的法律条款有自由裁量情况时，应说明处罚决定中自由裁量的依据。

上海市青浦区农业委员会

行政处罚案件（一般程序）

关于上海××饲料有限公司生产
不符合产品质量标准的饲料案

案号：青农（饲料）罚〔2013〕00×号

自 2013 年 5 月至 2013 年 6 月	保管期限	永久
本卷共 24 件 58 页	归档号	饲料 1302

全宗号	目录号	案卷号

卷 宗 目 录

案件名称：上海××饲料有限公司生产不符合产品质量标准的饲料案

案件编号：青农（饲料）罚〔2013〕3号

序号	文书编号	题 名	文书日期	页号
1	青农（饲料）罚〔2013〕3号	行政处罚决定书	2013-6-14	1～2
2	青农（饲料）立〔2013〕3号	行政处罚立案审批表	2013-5-27	3
3		当事人身份证明	2013-6-3	4～5
4	沪动饲信（2013）第18号	上海市兽药饲料信访（案件）移交处理案	2013-5-27	6
5		现场检查（勘验）笔录	2013-5-30	7
6	青农（饲料）询通字〔2013〕第8号	询问通知书	2013-5-30	8
7		询问笔录1	2013-5-30	9～11
8		询问笔录2	2013-6-3	12～16
9	青农饲料强审字〔2013〕2号	采取行政强制措施审批表	2013-5-30	17
10		查封现场笔录	2013-5-30	18
11	青农饲料封〔2013〕2号	查封决定书	2013-5-30	19
12		查封财物清单	2013-5-30	20
13	0003020	上海市兽药饲料监督抽查抽样单	2013-3-12	21
14	沪兽药饲检字（2013）第0541号	检验报告	2013-5-21	22～24
15		证据材料		25～46
16		案件处理意见书	2013-6-5	47～48
17	青农（饲料）告〔2013〕3号	行政处罚事先告知书	2013-6-5	49
18		送达回证	2013-5-30	50

（续）

序号	文书编号	题　名	文书日期	页号
19		送达回证	2013 - 6 - 5	51
20		送达回证	2013 - 6 - 14	52
21	1003395718	非税收入一般缴款书 （回单）	2013 - 6 - 14	53
22		罚没物品上缴凭证	2013 - 6 - 20	54
23		行政处罚结案报告	2013 - 6 - 21	55

上海市青浦区农业委员会
行政处罚决定书

青农（饲料）罚〔2013〕3 号

当事人：上海××饲料有限公司　　　**法定代表人：**黄××

住所：上海市青浦区××镇××村××号

生产地址：上海市青浦区××路××号

当事人上海××饲料有限公司生产不符合产品质量标准的饲料一案，经本机关依法调查，现查明：

在 2013 年上半年度上海市饲料产品抽检中，经上海市兽药饲料检测所出具的编号为"沪兽药饲检字（2013）第 0541 号"的检测报告判定，当事人生产的"5％蛋鸡育雏期复合预混合饲料JD51"（批号 20130223）砷超标，标准规定≤10 毫克/千克，检验结果为 14.3 毫克/千克，检验结果不符合《饲料卫生标准》（GB 13078—2001）规定的要求，当事人对检验结果无异议。2013 年 5月 30 日执法人员对当事人位于上海市青浦区××路××号的公司现场送达了该批产品的检验报告，当事人对检验结果未提出异议。同时，执法人员对在当事人成品仓库中检查发现的该批产品库存 40包（规格 25 千克/包），合计为 1 000 千克的产品采取了查封的行政强制措施，当事人未提出陈述申辩。2013 年 5 月 30 日，本机关根据《农业行政处罚程序规定》第二十六条的规定，对当事人予以立案调查。

现查明：该批饲料当事人共生产 1.5 吨，销售价格为 2 100 元/吨，货值金额 3 150 元。该批产品在出厂销售前未做砷指标的检验，当事人也未按规定开展"砷"等项目的定期检验。当事人于2013 年 2 月 28 日销售该批饲料 0.5 吨，违法所得共 1 050 元，现库存 1 吨。当事人对上述违法事实均予以认可。

上述违法事实有下列证据证实：

1. 企业法人营业执照复印件、饲料生产许可证复印件、黄××的身份证复印件和授权委托书、石××的身份证复印件证明当事人的身份；

2. 上海市兽药饲料监督抽查抽样单、上海市兽药饲料检测所检验报告证明当事人生产的"5％蛋鸡育雏期复合预混合饲料 JD51"（批号 20130223）不符合产品质量标准的事实；

3. 现场检查笔录、询问笔录、查封（扣押）现场笔录、生产记录复印件、收料单复印件、生产配方单复印件、企业检验报告复印件、药物饲料添加剂库存及使用日报表复印件、产品留样观察记录复印件、入库明细复印件、销售发货单复印件、销售明细复印件、企业标准复印件、饲料标签等证明了当事人的违法事实和违法所得。

上述证据形式合法，内容客观真实，具有关联性，能够相互印证，其证明效力予以确认。

本机关认为：当事人生产不符合产品质量标准的饲料，事实清楚、证据充分，其行为违反了《饲料和饲料添加剂管理条例》第十八条"饲料、饲料添加剂生产企业，应当按照产品质量标准以及……组织生产"的规定。2013 年 6 月 5 日，本机关向当事人送达了《行政处罚事先告知书》，在规定时间内，当事人未向本机关提出陈述、申辩。当事人能配合执法人员对本案的调查，提供有关证据材料。

依据《饲料和饲料添加剂管理条例》第四十六条第一款第（二）项"饲料、饲料添加剂生产企业、经营者有下列行为之一的，由县级以上地方人民政府饲料管理部门责令停止生产、经营，没收违法所得和违法生产、经营的产品，违法生产、经营的产品货值金额不足 1 万元的，并处 2 000 元以上 2 万元以下罚款，货值金额 1 万元以上的，并处货值金额 2 倍以上 5 倍以下罚款；构成犯罪的，依法追究刑事责任。（二）生产、经营无产品质量标准或者不符合产品质量标准的饲料、饲料添加剂的"的规定，本机关责令当事人停止生产不符合产品质量标准的饲料，并作出如下行政处罚决定：

1. 没收违法所得 1 050 元；
2. 没收违法生产的产品"5％蛋鸡育雏期复合预混合饲料 JD51"1 吨；
3. 罚款 6 000 元。

当事人必须在收到本处罚决定书之日起 15 日内持本决定书到农业银行青浦城中支行缴纳罚没款。逾期不按规定缴纳罚款的，每日按罚款数额的 3％加处罚款。

当事人必须在收到本处罚决定书之日起 5 日内将没收的饲料缴至青浦区农业委员会执法大队。

当事人对本处罚决定不服的，可以在收到本处罚决定书之日起 60 日内向上海市青浦区人民政府或上海市农业委员会申请行政复议；或者三个月内向上海市青浦区人民法院提起行政诉讼。行政复议和行政诉讼期间，本处罚决定不停止执行。

当事人逾期不申请行政复议或提起行政诉讼，也不履行本行政处罚决定的，本机关将依法申请人民法院强制执行。

上海市青浦区农业委员会
2013 年 6 月 14 日

行政处罚立案审批表

青农（饲料）立〔2013〕3号

案件来源	上级交办		受案时间	2013年5月27日	
案由	涉嫌生产不符合产品质量标准的饲料案				
当事人	单位	名称	上海××饲料有限公司	法定代表人	黄××
		地址	上海市青浦区××路××号	电话	5974××××
简要案情	2013年5月27日收到上海市兽药饲料监督所案件移交单［编号：沪兽饲信（2013）第18号］以及检验报告［编号：沪兽药饲检字（2013）第0541号］。在2013年上半年度上海市饲料产品抽检中，经上海市兽药饲料检测所检验判定，上海××饲料有限公司生产的"5％蛋鸡育雏期复合预混合饲料JD51"（批号20130223）砷超标，标准规定≤10毫克/千克，检验结果为14.3毫克/千克。2013年5月30日青浦区农业委员会执法人员到上海××饲料有限公司进行现场检查，该企业总经理石××对检验结果无异议，并提供了相关记录材料。该批饲料产品共生产1.5吨，销售了0.5吨，库存剩余1吨。当事人涉嫌生产不符合产品质量标准的饲料，违反了《饲料和饲料添加剂管理条例》第十八条的规定。建议立案查处。 受案人签名：刘××　蔡×× 　　　　　　2013年5月27日				
执法机构意见	签名：施×× 2013年5月27日				
法制机构意见	签名：袁×× 2013年5月27日				
执法机关意见	签名：吴×× 2013年5月27日				
备注					

编号：NC 0371630

名　称　上海××饲料有限公司

住　所　上海市青浦区××镇××村×号

法定代表人　黄××

注册资本　美元20万元

实收资本　美元20万元

公司类型　有限责任公司（台港澳与境内合作）

经营范围　生产饲料（包括复合预混合饲料）、饲料添加剂、销售公司自产产品。（涉及许可经营的凭许可证经营。）

企业法人营业执照

注册号：企作沪总字第029085号（青浦）

成立日期：二○○一年八月二日

此件与原件无异，经核对，复印件与原件一致。

企业负责人（签名）：方××

执法人员（签名）：刘××　蔡××

日期：2013年6月30日

股东（发起人）上海××环境工程设备有限公司、上海××饲料有限责任公司、香港××发展有限公司

营业期限　自　二○○一年八月二日　至　二○三一年八月一日

本执照有效期 自 二○○一年八月二日 至 二○三一年八月一日

登记机关 上海市工商行政管理局

二○○一年八月二日

证照编号 29000003200706010168

企业标识码30000000220010180200411

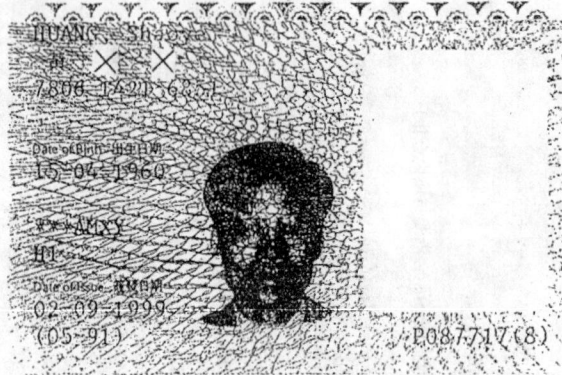

上海市兽药饲料
信访（案件）移交处理单

编　　号	沪兽饲信（ 2013 ）第 18 号		
移交单位	上海市兽药饲料监督所		
地　　址	上海市×××路××号楼×楼	邮　编	200×××
移交日期	2013 年 5 月 22 日	联系电话	5216 ××××
事　　由	2013 年上半年度上海市饲料产品抽检中，经上海市兽药饲料检测所判定：上海××饲料有限公司生产的"5%蛋鸡育雏期复合预混合饲料 JD51"砷超标，批号"20130223，报告编号为"沪兽药饲检字（2013）第××××号"。 　　请青浦区农业委员会执法大队依法对涉嫌违规的企业进行调查处理，同时督促该企业对近期生产的该类产品送样检测，并进行相应整改、形成书面整改报告。将处理结果于 6 月 22 日之前报我所。		

请研究处理，尽快将处理情况专报我所，并附本移交处理单。

单位盖章

2013 年 5 月 22 日

接收单位 领导意见	*同意接收，由兽药饲料科查处。* 李××
接收日期	*2013.5.2*
处理结果：	

现场检查（勘验）笔录

时间：2013 年 5 月 30 日 9 时 45 分至 10 时 05 分

检查（勘验）地点：上海市青浦区××路××号

当事人：上海××饲料有限公司

检查（勘验）机关：上海市青浦区农业委员会

检查（勘验）人员：刘×　　　**执法证件号**：28130××××
　　　　　　　　　　蔡××　　　**执法证件号**：28130××××

记录人：蔡××

现场检查（勘验）情况：青浦区农业委员会执法人员向上海××饲料有限公司送达编号为"沪兽药饲检字（2013）第 0541 号"，出示执法证件，对该公司进行现场检查。该企业总经理石××在场，对报告检验结果无异议。经查，该企业生产许可证号：饲预（2012）2616，其成品仓库内发现批号为"20130223"的 5%蛋鸡育雏期复合预混料 JD51，共计 40 包，规格为 25 千克/包，合计 1 000 千克。当事人提供了该批饲料相关的收料单、入库明细、配方单、检验报告、产品原料留样观察记录、产品销售发货单、销售明细、药物饲料添加剂库存及使用日报表。检查留样室有该批产品留样及留样记录，当事人提供了该批产品的饲料标签。

以下空白

当事人签名或盖章：石××　　　（见证人签名或盖章：　　　　　　）

执法人员签名或盖章：刘×　蔡××

（第 1 页共 1 页）

上海市青浦区农业委员会
询问通知书

青农（饲料）询通字〔2013〕第8号

上海××饲料有限公司：

因你（单位）涉嫌生产不符合质量标准的饲料，请你（单位）于2013年6月3日13时30分到上海市青浦区农业委员会执法大队作询问调查。来人请携带下列证件材料：

☑ 身份证件

☑ 营业执照

☑ 法定代表人身份证明书或委托书

☑ 生产许可证/经营许可证

☑ 其他相关证件材料

如你（单位）无法按时前来，请及时联系。

地址：青浦区青昆路165号

联系人：刘×

联系电话：5985××××

当事人签收：石××

上海市青浦区农业委员会
2013年5月30日

询 问 笔 录 1

询问时间：2013 年5 月30 日10 时15 分至11 时05 分

询问地点：青浦区青昆路 165 号

询问机关：上海市青浦区农业委员会

询问人：刘×　　**执法证件号：**281310××××

　　　　蔡××　　**执法证件号：**281310××××

记录人：蔡××

被询问人：姓名：石××　　**性别：**男　　**年龄：**37

　　　　　　身份证号：34082519760923××××

　　　　　　联系电话：1382323××××

　　　　　　工作单位：上海××饲料有限公司职务总经理

　　　　　　住址：安徽省安庆市××县××镇××村

问：我们是上海市青浦区农业委员会执法人员（出示执法证件），现依法向你进行询问调查。你应当如实回答我们的询问并协助调查，作伪证要承担法律责任，你听清楚了吗？

答：我听清楚了。

问：请问你的身份是什么？

答：我是上海××饲料有限公司的总经理，我的身份证号为34082519760923××××，负责本公司的饲料产品销售。本公司的产品 主要是鸡用复合预混合饲料。生产许可证编号：饲预（2012）26××。

被询问人签名或盖章：石××

执法人员签名或盖章：刘×　蔡××

（第 1 页共 3 页）

笔 录 纸

问：在 2013 上半年度上海市饲料产品抽检中，经上海市兽药饲料检测所判定你公司生产的"5％蛋鸡育雏期复合预混料 JD51"砷超标，批号为"20130223"，检测的砷含量为 14.3 毫克/千克，标准为≤10.0 毫克/千克，报告编号：沪兽药检字（2013）第 0541 号，你对检验结果有无异议？

答：没有异议。

问：你公司生产的该批"5％蛋鸡育雏复合预混料 JD51"数量多少？

答：该批饲料一共生产 1.5 吨。

问：该批饲料销售了多少？还有多少库存？

答：一共销售了 0.5 吨，还剩余 1 吨。

问：该批饲料的销售价格及销售所得为多少？

答：销售价格是 2 100 元每吨，共销售 0.5 吨，销售所得 1 050 元（壹仟零伍拾元）。

问：是否有该批饲料的各种相关记录？

答：有该批饲料的收料单、入库明细、配方单、检验报告、留样观察记录、产品销售发货单及产品销售明细、药物饲料添加剂库存及使用日报表。

问：执法人员依据《饲料和饲料添加剂管理条例》第三十四条第（三）项之规定，对该批"5％蛋鸡育雏期复合预混料 JD51"（批号：20130223）剩余 40 包，合计 1 000 千克，采取查封扣押的强制措施，你是否需要陈述申辩？

被询问人签名或盖章：石××

执法人员签名或盖章：刘×　蔡××

（第 2 页共 3 页）

笔　录　纸

答：我没有异议，不要陈述申辩。

问：你还有什么情况需要补充说明？

答：没有。

问：请你仔细阅读以上笔录，如有错误可以修改，如无异议，请你逐页签字确认。

答：好的，我签字确认。

以下无内容

被询问人签名或盖章：石××

执法人员签名或盖章：刘×　蔡××

询 问 笔 录 2

询问时间：2013 年 6 月 3 日 13 时 40 分至 14 时 50 分

询问地点：青浦区青昆路 165 号

询问机关：上海市青浦区农业委员会

询问人：刘×　　**执法证件号**：28130××××

　　　　　蔡××　　**执法证件号**：28130××××

记录人：蔡××

被询问人：姓名：石××　　性别：男　　年龄：37

　　　　　身份证号：34082519760923××××

　　　　　联系电话：1382323××××

　　　　　工作单位：上海××饲料有限公司　　职务：总经理

　　　　　住址：安徽省安庆市太湖县××镇××村

问：我们是上海市青浦区农业委员会执法人员（出示执法证件），现依法向你进行询问调查。你应当如实回答我们的询问并协助调查，作伪证要承担法律责任，你听清楚了吗？

答：我听清楚了。

问：请介绍你的身份并说明今天的来意。

答：我是上海××饲料有限公司的总经理，负责本公司的饲料销售。今天受我公司法定代表人黄××的委托前来处理我公司饲料抽样不合格的相关事宜。

被询问人签名或盖章：石××

执法人员签名或盖章：刘× 蔡××

（第 1 页共 5 页）

笔　录　纸

问：今天你带来了哪些材料？

答：我带来了我公司法定代表人的身份证和委托书、营业执照、饲料生产许可证、相关的饲料生产记录、产品销售记录、企业标准等材料。

问：请在上述材料的复印件上签字确认。

答：好的，我签字确认。

问：在 2013 年上半年度上海市饲料产品抽检中，经上海市兽药饲料检测所判定，你公司生产的"5‰蛋鸡育雏期复合预混合饲料（JD51）"（批号 20130223）砷超标，标准规定≤10 毫克/千克，检验结果为 14.3 毫克/千克，你对检验结果有无异议？

答：我已收到检验报告，对检验结果没有异议。

问：你公司生产的该批"5‰蛋鸡育雏期复合预混合饲料（JD51）"共生产了多少？

答：一共生产了 1.5 吨，规格为 25 千克/包，共 60 包。我带来了相关的生产记录、生产配方单、收料单、检验报告、药物饲料添加剂库存及使用日报表、产品原料留样观察记录、入库明细、销售发货单、销售明细等材料。

问：该批饲料的货值是多少？

答：该饲料销售价格为 2 100 元/吨，该批饲料共生产了 1.5 吨，货值金额为 3 150 元。

被询问人签名或盖章：石××

执法人员签名或盖章：刘×　蔡××

笔 录 纸

问： 请说一下该批饲料的销售情况？

答： 该批饲料以 2 100 元/吨的价格于 2013 年 2 月 28 日销售给了我公司江苏的经销商张××（联系电话 025－6822×××5612），一共销售了 0.5 吨，销售所得 1 050 元，有相应的销售发货单和销售明细。

问： 该批产品现在还剩余多少？

答： 该批产品现剩余 40 包，合计 1.0 吨。由于当时发生人感染 H7N9 禽流感疫情，导致养禽业滑坡，我们的饲料销售也遇到了困难，所以没卖完。

问： 该批饲料在出厂销售前是否进行过砷指标的检验？

答： 没有检验过，我公司出厂检验没有这个项目。而且我公司目前没有检验这个项目的能力。

问： 你是否将该批产品送至有检验能力的机构做过委托检验？

答： 没有做。

问： 根据你公司的企业标准（Q/TOEX 2—2012）5.3.2 规定：砷含量每季度检测一次，你公司是否落实了这项工作？

答： 没有落实。

问： 请解释一下该批产品砷超标的原因？

答： 可能是该批产品使用的原料石粉、沸石粉或磷酸氢钙的砷含量超标，导致产品砷含量超标。

被询问人签名或盖章：石××

执法人员签名或盖章：刘× 蔡××

（第 3 页共 5 页）

笔 录 纸

问：你公司在购买相关原料的时候，是否向供应商索取过相关产品的检验报告？

答：部分原料索取了检验报告。

问：你公司在使用相关原料前是否做过卫生指标的委托检验？

答：没有做过。

问：为什么没做？

答：我公司对此认识不足，没有重视这项工作。

问：你公司生产的产品"5％蛋鸡育雏期复合预混合饲料（JD51）"砷项目不符合《饲料卫生标准》（GB 13078—2001）中猪、家禽添加剂预混合饲料中砷允许量≤10毫克/千克的规定。你单位企业标准（Q/TOEX 2—2012）3.4 卫生指标对砷项目也做出了相同的规定。你单位上述行为违反了《饲料和饲料添加剂管理条例》的有关规定，依法要进行处罚。你有何意见？

答：我没有意见，接受处罚。

问：你还有什么情况需要补充说明？

答：这次出现这个问题是由于我公司对原料、成品的质量没把好关导致的，今后我公司要加强原料、成品的检测工作，保证产品质量合格，杜绝此类事件的再次发生。

被询问人签名或盖章：石××

执法人员签名或盖章：刘×　蔡××

（第 4 页共 5 页）

笔 录 纸

问： 请你逐页仔细阅读以上笔录，如有错误可以修改，如无异议请你逐页签字确认。

答： 好的，我签字确认。

以下空白

被询问人签名或盖章：石××

执法人员签名或盖章：刘×　蔡××

（第 5 页共 5 页）

采取行政强制措施审批表

青农饲料强审字〔2013〕2 号

案由	涉嫌生产不符合质量标准的饲料案
当事人	上海××饲料有限公司
涉嫌违法事实	在 2013 年上半年度上海市饲料产品抽检中，当事人生产的饲料"5‰蛋鸡育雏期复合预混合饲料 JD51"（批号 20130223），经上海市兽药饲料检测所检验判定砷超标，标准规定≤10 毫克/千克，检验结果为 14.3 毫克/千克。报告编号：沪兽药饲检字（2013）第 0541 号。该批被抽检的饲料不符合产品质量标准，当事人涉嫌生产不符合质量标准的饲料。2013 年 5 月 30 日青浦区农业委员会执法人员对当事人生产场所现场检查，发现该批饲料库存剩余 40 包，规格为 25 千克/包，合计 1 000 千克。
拟实施行政强制措施种类和依据	依据《饲料和饲料添加剂管理条例》第三十四条第（三）项的规定，拟对当事人生产的不符合质量标准的饲料采取查封（扣押）的行政强制措施。
执法人员意见及报批情况（报批内容、时间、方式）	执法人员拟对当事人库存的不符合质量标准的饲料"5‰蛋鸡育雏期复合预混合饲料 JD51"（批号 20130223）40 包，合计 1 000 千克采取查封的行政强制措施，由于情况紧急，为防止当事人转移涉案产品，执法人员于 2013 年 5 月 30 日上午 11 时 20 分，将上述意见向青浦区农业委员会执法大队负责人和青浦区农委负责人口头报批，并得到同意的答复。 签名：刘× 蔡×× 2013 年 5 月 30 日
当事人陈述申辩情况	当事人未提出陈述申辩。
部门负责人审核意见	签名：袁×× 2013 年 5 月 30 日
机关负责人审批意见	签名：吴×× 2013 年 5 月 30 日

查 封 现 场 笔 录

时间： 2013 年 5 月 30 日 11 时 15 分至 11 时 40 分

地点： 上海市青浦区青昆路 165 号

执法机关： 上海市青浦区农业委员会

当事人： 上海××饲料有限公司

执法人员： 刘×　　**执法证件号：** 28130××××

　　　　　蔡××　　**执法证件号：** 28130××××

记录人： 蔡××

现场情况： 执法人员出示执法证件，对上海××饲料有限公司成品仓库中检查发现砷超标的"5％蛋鸡育雏期复合预混料 JD51"（批号：20130223）产品 40 包规格为 25 千克/包，合计为 1 000 千克的产品采取了查封的强制措施，该企业总经理石××在场，执法人员出具了查封决定书（编号：青农饲料封〔2013〕2 号）及查封财物清单，并向当事人现场直接送达了上述文书，说明了查封的理由和依据，石××未进行陈述申辩。

以下无内容

_____

_____

_____

_____

_____

_____

被询问人签名或盖章：石××　　　（见证人签名或盖章：　　　　　）

执法人员签名或盖章：刘×　蔡××

（第 1 页共 1 页）

上海市青浦区农业委员会
查封决定书

青农饲料封〔2013〕2 号

上海××饲料有限公司：

因你公司涉嫌生产不符合质量标准的饲料，依据《饲料和饲料添加剂管理条例》第三十四条第（三）项之规定，本机关决定对你公司生产的"5‰蛋鸡育雏期复合预混料 JD51"（批号 20130223）40 包，合计 1 000 千克予以查封。查封期限为 30 日，自 2013 年 5 月 30 日起至 2013 年 6 月 28 日止。扣押地点为×市农业局一楼 101 室。在查封期间，你公司不得使用、销售、转移、损毁、隐匿。

当事人对本决定不服的，可以在收到本决定书之日起 60 日内向上海市青浦区农业委员会或上海市青浦区人民政府申请行政复议；或者三个月内向上海市青浦区人民法院提起行政诉讼。行政复议和行政诉讼期间，本决定不停止执行。

附：查封财物清单

上海市青浦区农业委员会
2013 年 5 月 30 日

查 封 财 物 清 单

序号	财物名称	规格	生产日期（批号）	生产单位	数量
1	"5％蛋鸡育雏期复合预混料"	25千克/包	2013年2月23日	上海××饲料有限公司	40包
以下空白					

当事人签名或盖章：石×× 2013 年 5 月 30 日

执法人员签名或盖章：刘×　蔡××

上海市兽药饲料监督抽查抽样单

样品编号： 青浦生产（2013上）—18　　　　　　　　抽样单编号：0003020

1 样品（产品）名称 5% 蛋鸡育雏期复合预混料 JD51　　　注册商标 /
商品名称 /　　　　　产品依据标准 Q/TOEX 02-2012　技术文件 /
规格 25kg/包　　产品生产日期/批号 2013年2月23日　批准文号 沪饲预字(2012)6235××
保质（有效）期 6个月　抽样地点 仓库　抽样数量 500g×4　抽样基数 1.5吨　封装情况 良好

2 抽查目的 饲料质量安全监督抽检

3 受检企业名称 上海×× 饲料有限公司
通讯地址 上海市青浦区×××亿腾××号　　　　　邮政编码 201709
联系人 石××　电话号码 021-59748722　　　　传真号码 021-5974××××

4 生产企业名称
通讯地址 　　　同上　　　　　　　　　　　　邮政编码
联系人　　　电话号码　　　　　　　　　　　传真号码

5 抽样单位名称 上海市青浦区农业委品农技执法大队　通讯地址 青浦区青昆路165号
邮政编码 201700　联系人 刘×　电话号码 5985×××　传真号码 5985××××

6 抽样人和被抽样人仔细阅读下列文字表述，确认后签字：

　　我们认真负责地填写了该抽样单，承认以上填写的合法性，该抽样单所证实的样品系按照抽样方法取得的，该样品系自检合格品，具有代表性、真实性和公正性。

抽样单位（章）　　　　　　　　　　被抽样单位（章）
抽样人（签名）　刘× 王××　　　　被抽样人（签名）
抽样日期 2013年3月12日　　　　　抽样日期 2013年7月2日

备注：1 技术文件指除执行标准外的委托加工技术合同、产品说明书等相关技术文件。
　　　2 本抽样单一式四联，分别由抽样单位、被抽样单位、检测单位、任务下达单位保存。

第一联：抽样单位存（白）、第二联：被抽样单位存（红）、第三联：检测单位存（黄）、第四联：任务下达单位存（绿）。

CMA

2012090297V

正本

共 3 页 第 1 页

SC20130014

沪兽药饲检字（2013）第0541号

检 验 报 告

产品名称： 5%蛋鸡育雏期复合预混料JD51

委托单位： 上海市兽药饲料监督所

样品来源： 上海××饲料有限公司

生产单位： 上海××饲料有限公司

检验单位：上海市兽药饲料检测所

共 3 页　第 2 页

注　意　事　项

一、对本检验报告有异议，应于收到报告之日起十五日内（以当地
　　邮戳为准）书面向本所提出。逾期不予受理。

二、送样委托检验的检验报告，本所仅对来样负责。

三、产品报批检验合格，剩余样品务必在收到本检验报告半个月内
　　领取，逾期不领者，我所将自行处理。

四、本报告涂改无效，无检验单位公章，无编制、审核、批准人
　　签章无效。

五、本报告非经本所同意，不得以任何方式复制，经同意复制的复
　　印件，应由我所加盖公章确认。

地址：上海市虹井路855弄30号　　邮政编码：201103

电话：021-62689722　　　　　　传真：021-62695763

上海市兽药饲料检测所
检 验 报 告 单

报告编号：沪兽药饲检字（2013）第0541号　　　　　　　　　共 3 页　　第 3 页

检品名称：5%蛋鸡育雏期复合预混料JD51　　　　检品编号：SC20130014

委托单位：上海市兽药饲料监督所　　　　　　　　检验类别：饲料抽检

样品来源：上海××饲料有限公司　　　　　　　　收检日期：2013年03月19日

生产单位：上海××饲料有限公司　　　　　　　　检品数量：500g×2袋

批　　号：20130223　　　　　　　　　　　　　　规　　格：25kg

包装及外观性状：塑料袋包装完好(类白色粉末)

检验依据：农办牧（2013）4号文和GB/T 13080-2004 饲料中铅的测定 原子吸收光谱法等

检验项目：维生素A、铜、锌、铅、砷、氯霉素、苏丹红、呋喃唑酮、呋喃它酮、呋喃西林、呋喃妥因

检验项目	标准规定	判定标准	单位	检验结果	单项判定
维生素A	≥182000	≥145600	IU/kg	181550	符合规定
铜	170-695	119-869	mg/kg	140	符合规定
锌	1852-2950	1296.4-3687.5	mg/kg	2100	符合规定
铅	≤40.0	≤40.0	mg/kg	14.83	符合规定
砷	≤10.0	≤10.0	mg/kg	14.3	不符合规定
氯霉素	不得检出	定量限10	μg/kg	未检出	符合规定
苏丹红	不得检出	定量限0.05	mg/kg	未检出	符合规定
呋喃唑酮	不得检出	定量限0.5	μg/g	未检出	符合规定
呋喃它酮	不得检出	定量限0.5	μg/g	未检出	符合规定
呋喃西林	不得检出	定量限0.5	μg/g	未检出	符合规定
呋喃妥因	不得检出	定量限0.5	μg/g	未检出	符合规定
（以下空白）					

结论：

经检验，检品所检砷项目的结果不符合农办牧〔2013〕4号文规定的要求。

报告日期：2013年05月21日

编制：黄××　　　　　　审核：X××　　　　　　　批准：X××

　　　　　　　　　　　　　　　　　　　　　　　　职务：　副所长

授权委托书

委托单位名称：上海均龙饲料有限公司

法定代表人或代表人姓名：蒋×× 　　　职务：董事长

受委托人姓名：石×× 　　　性别：男

　　现委托 石×× 在我公司 此次饲料质量例行检查中的问题

作为我公司委托代理人，全权处理本次事件。

委托单位：上海××饲料有限公司

二〇一二年6月3日

姓名 石××

性别 男　民族 汉

出生 1975 年 10 月 23 日

住址 ××省××市××县××
镇×××路×号

公民身份号码　340826××××10232678

中华人民共和国
居民身份证

签发机关 ××县公安局
有效期限 2007.07.26-2027.07.26

此件为复印件，经核对与原件一致。
当事人(签名)：石××
执法人员(签名)：刘× 蔡××
日期：2013年6月3日

编　号：沪预(2012) 26××

添加剂预混合饲料

生产许可证

上海××饲料有限公司

经审查，你单位具备生产添加剂预混合

饲料的有关条件，特发此证。

此件为复印件，经核对与原件一致。

当事人(签名)：不××

执法人员(签名)：刘××　吴××

日期：2013年6月19日

注册地址：上海市青浦区×××公路××号

生产地址：上海市青浦区××公路××号

有效期：　　　　　5年

发证机关：

发证日期：2012

上海××饲料有限公司
2013年2月份生产记录

日 期	品种	规格（KG）	包数（袋）	入库数量（吨）
2月20日	JD53	25	480	12.00
2月23日	JD51	25	60	1.50
2月23日	JD53	25	340	8.50
2月27日	JD53	25	480	12.00
合计			1360	34.00

生产负责人：孔××

此件为复印件，经核对与原件一致.
当 事 人（签名）：石××
执法人员（签名）：云×× 蒋××
日期：2013年6月3日

沪港合作 **上海××饲料有限公司**

发票号数：

收 料 单

日期：2013.2.23

供料商(编号)									
送料单NO									

项次	品名	规格	单位	送料数	实收数	单价	金额	订购单NO	备注
1	JD53		吨		8.50				
2	JD57		吨		1.50				
3									
4									
5									
6									
7									
8									
9									
合计									
财务			品管 张××		仓库 陈×		供货商		

此表一式四联

一仓库

此件为复印件，经核对与原件一致.
当事人(签名)：石××
执法人员(签名)：刘××　蔡××
日期：2013年6月3日

SHANGHAI GRACE DRAGON FEED CO., LTD.
上海××饲料有限公司

××公司生产配方单

配方名称	JDS1	配方日期	2012.7.21	生产日期	2013.2.23
原料名称		用量	备注:		
小料单			JDS1: 1.57		
硫酸铜	0.84				
硫酸亚铁	8.58				
硫酸锌	8.04				
硫酸锰	8.49				
碘酸钙	0.75				
亚硒酸钠	0.87				
总计	27.57/6 ⇒ 4.595×6				
鱼腥香	1.5				
植酸酶					
FV325	7.5				
甜菜碱	4.5				
抗氧剂	1.8				
杆菌肽锌	3				
硫酸黏菌素	1.5				
盐霉素	3				
总计	22.5/6 ⇒ 3.75×6				
蛋氨酸	1.5	×6			
胆碱					
大料单					
石粉	79.655				
磷酸氢钙	80	×6			
食盐	12.5				
稻壳粉	25				
沸石粉	43				
品管部:	张 ××		生产部	孔 ××	

此件为复印件，经核对与原件一致。
当事人(签名): 不××
执法人员(签名): 丛× 廖××
日期: 2013年6月31日

189

沪港合作　上海××饲料有限公司

检验报告

类别：原料/产品

化验编号	201302.2301	报告日期	2013.02.24	数量	1.80吨
样品名称	JD51	送检日期	2013.2.23	取样地点	车间
样品编号	201302.2301	送检部门	生产部	取样人	张××

检验结果汇总

	化验指标	标准指标
水分	4.02 %	≤10%
粗蛋白	—	
钙	15.5 %	11.8～25.3 %
磷	4.2 %	≥3.8 %
盐	4.0 %	3.7～8.0 %
杂质	—	
铜	—	
铁	—	
锌	—	
猛	—	
均匀度	—	
检验结论	合格	

单位主管：　　　　品管部主管：　　　　检验部：张××

此件为复印件，经核对与原件一致。
当事人（签名）：孙××
执法人员（签名）：刘×　廖××
日期：2013年6月31日

编号：

药物饲料添加剂(2013年2月份)库存及使用日报表

药物名称：______ 规格：______ 来源：上海××贸易有限公司 审核人：______ 单位：kg

日期	前日库存	进货	领用量	实际用量	当日结存	领料人	发料人	药物投入的产品名称及生产批号
杆菌肽锌	39.00	/	3.00	3.00	36.00	孔××	陈××	[illegible]配合饲料JD51 2013022302 生产量1.5吨JD51
硫酸粘杆菌素	25.00	/	1.50	1.50	23.50	孔××	陈××	〃 〃 〃
地克珠利(预混)	27.00	/	3.00	3.00	24.00	孔××	陈××	〃 〃 〃
4								
5								
6								
7								
8								
9								
10								
11								
12								
13								
14								
15								
16								
17								
18								
19								
20								
21								
22								
23								
24								
25								
26								
27								
28								
29								
30								
31								

此件为复印件，经核对与原件一致。
当事人(签名)：不××
执法人员(签名)：刘×　蔡××
日期：2013年6月14

制表：上海市饲料行业协会

沪港合作 **上海××饲料有限公司产品原料留样观察记录**

类别： 　　　2003 年 2 月 　　记录：张×× 　验核：

序号	样品名称	编号	生产日期/供货日期	生产班组/进货单位	生产数量/进货数量	取样人	检验人	观察日期	观察结果	备注
1	JDS3	1302190	2.15	车间	2T	/	张××	张××	2.19	色泽正常,流动性好,有霉烂变质味,无发霉结块	与标准样符合
2	JDS1	1302200	2.20	车间	1T	/	张××	张××	2.20	色泽正常,流动性好,有霉烂变质味,无发霉结块	与标准样符合
3	JDS5	1302002	2.20	车间	10T	/	张××	张××	2.20	色泽正常,流动性好,有霉烂变质味,无发霉结块	与标准样符合
4	JDS3	1302210	2.22	车间	8.5T	/	张××	张××	2.22	色泽正常,流动性好,有霉烂变质味,无发霉结块	与标准样符合
5	JDS1	1302230	2.23	车间	6.5T	/	张××	张××	2.23	色泽正常,流动性好,有霉烂变质味,无发霉结块	与标准样符合
6	JDS3	1302230	2.23	车间	8.0T	/	张××	张××	2.23	色泽正常,流动性好,有霉烂变质味,无发霉结块	与标准样符合
7	JDS5	1302210	2.26	车间	7.0T	/	张××	张××	2.26	色泽正常,流动性好,有霉烂变质味,无发霉结块	与标准样符合

此件为复印件,经核对与原件一致。
当事人（签名）：孔××　 朱××
执法人员（签名）：赵×× 李××
日期：2013年6月7日

上海××饲料有限公司
2013年2月份入库明细

日　　　期	品种	入库数量(吨)
2月20日	JD53	12
2月23日	JD51	1.5
2月23日	JD53	8.5
2月27日	JD53	12
合计		34.00

制表：陈× ×

此件为复印件，经核对与原件一致。
当事人（签名）：祁××
执法人员（签名）：刘× 蒋××
日期：2013年6月3日

销售发货单

日期:2013年 3月 28 日

客 户	张××		电 话	138××××××	地 址	江苏	海安	备注	
品 牌	名 称	规格(千克/件)	件 数	数 量(吨)	单价	金额			
××	JD53	25.00	160	4.00	2,350.00	9,400.00			
××	JD51	25.00	20	0.50	2,100.00	1,050.00			
合 计			180	4.50		10,450.00			
供货单位	名 称		上海××饲料有限公司						
	地址、电话		上海市青浦区××镇×××公路××号		021-5974××××				

发货人:陈×   车辆号码: 苏××××   制单: 陈×

此件为复印件，经核对与原件一致.
当 事 人(签名): 万××
执法人员(签名): 刘× 蔡××
日期: 2013年6月31日

上海××饲料有限公司
2013年2月份销售明细

客户	发货日期	品种	数量（吨）	合同单价（元/吨）	合同金额（元）
陈××	2月18日	JD53	3	2350	7,050.00
倪×	2月19日	JD53	2	2350	4,700.00
张××	2月22日	JD53	8.5	2350	19,975.00
张××	2月23日	Z42	0.2	3250	650.00
蒋××	2月23日	Z43	1	3350	3,350.00
陈××	2月27日	JD53	7	2350	16,450.00
陈××	2月27日	Z43	0.3	3350	1,005.00
××农场	2月28日	JD53	1	2350	2,350.00
张××	2月28日	JD53	3	2350	7,050.00
张××	2月28日	JD51	0.5	2100	1,050.00
蒋××	2月28日	JD53	5	2350	11,750.00

制表：蒋×

此件为复印件，经核对与原件一致。
当事人（签名）：方××
执法人员（签名）：曲×　蔡××
日期：2013年2月3日

上 海 市 企 业 标 准

Q/TOEX 2-2012

代替 Q/TOEX 2-2011

禽用复合预混合饲料

2012-07-16 发布   2012-08-01 实施

上海×× 饲料有限公司 发布

前　言

为贯彻实施国家《标准化法》和《公司饲料标签标准》，满足养殖业的客观需要参照有关国家标准，结合本地区，本公司的实际情况，对本公司原禽用复合预混合饲料（Q/TOEX　02-2011）之标准作出修改，特制定本标准。

本标准编写方法按 GB/T1.1-2009《标准化工作导则第 1 部分：标准的结构和编写》给出的规则进行起草。

本标准参照 GBT5916-2008《产蛋后备鸡、产蛋鸡、肉用仔鸡配合饲料》的标准的技术制定本标准。

本标准规定了维生素及微量元素的安全上限，符合农业部 1224 号公告的规定。

本标准对药物的添加品种、添加量及停药期进行具体的规定。

本标准对出厂检验与定期检验的具体内容进行合理安排。

本标准于 2001 年 8 月首次发布；

本标准于 2005 年 7 月第一次修订；

本标准于 2006 年 5 月第二次修订；

本标准于 2009 年 10 月第三次修订；

本标准于 2011 年 7 月第四次修订。

本标准于 2012 年 7 月第五次修订。

本标准由上海×　×饲料有限公司提出；

本标准由上海×　×饲料有限公司技术部起草；

本标准主要起草人：罗××，孙××，姚××，李××，慕×，罗××，石××，张××。

197

Q/TOEX 02-2012

禽用复合预混合饲料

1 范围

本标准规定了禽用复合预混合饲料(添加量为5%、4%、3%)的要求、试验方法、检验规则、标签、包装、运输、贮存及保质期。

本标准适用于本公司加工、销售的禽用复合预混合饲料5%、4%、3%。

2 规范性引用文件

下列文件对于本文件的应用是必不可少的。凡是注日期的引用文件,仅注日期的版本适用于本文件。凡是不注日期的引用文件,其最新版本(包括所有的修改单)适用于本文件。

GB/T 5917.1 饲料粉碎粒度测定 两层筛筛分法

GB/T 6435 饲料中水分和其他挥发性物质含量的测定

GB/T 6436 饲料中钙的测定

GB/T 6437 饲料中总磷的测定 分光光度法

GB/T 6439 饲料中水溶性氯化物的测定方法

GB 10648 饲料标签

GB 13078 饲料卫生标准

GB/T 8946 塑料编织袋

GB/T 8947 复合塑料编织袋

GB/T 10649 微量元素预混合饲料混合均匀度的测定

GB/T 13079 饲料中总砷的测定

GB/T 13080 饲料中铅的测定 原子吸收光谱法

GB/T 13083 饲料中氟的测定 离子选择性电极法

GB/T 13882 饲料中碘的测定 (硫氰酸铁-亚硝酸催化动力学法)

GB/T 13883 饲料中硒的测定

GB/T 13885 动物饲料中钙、铜、铁、镁、锰、钾、钠和锌含量的测定 原子吸收光谱法

GB/T 14700 饲料中维生素 B_1 的测定

GB/T 14701 饲料中维生素 B_2 的测定

GB/T 14702 饲料中维生素 B_6 的测定 高效液相色谱法

GB/T 17481 预混料中氯化胆碱的测定

GB/T 17778 预混合饲料中 d-生物素的测定

GB/T 17812 饲料中维生素 E 的测定 高效液相色谱法

GB/T 17813 复合预混料中烟酸、叶酸的测定 高效液相色谱法

GB/T 17817 饲料中维生素 A 的测定 高效液相色谱法

GB/T 17818 饲料中维生素 D_3 的测定 高效液相色谱法

GB/T 17819 维生素预混料中维生素 B_{12} 的测定 高效液相色谱法

GB/T 18397 复合预混合饲料中泛酸的测定 高效液相色谱法

GB/T 18634-2002 饲用植酸酶活性的测定 分光光度法

GB/T 18823 饲料中水分、粗蛋白质、粗纤维、粗脂肪、赖氨酸、蛋氨酸快速测定近红外光谱法检测结果判定的允许误差

GB/T 18868 饲料中水分、粗蛋白质、粗纤维、粗脂肪、赖氨酸、蛋氨酸快速测定近红外光谱法

GB/T 18872 饲料中维生素 K_3 的测定 高效液相色谱法

GB/T 19684 饲料中金霉素的测定 高效液相色谱法

中华人民共和国农业部公告第 168 号 饲料药物添加剂使用规范

中华人民共和国农业部公告第 176 号 禁止在饲料和动物饮水中使用的药物品种目录

中华人民共和国农业部公告第 1126 号 饲料添加剂品种目录

中华人民共和国农业部公告第 1224 号 饲料添加剂安全使用规范

国家质量监督检验检疫总局令第 75 号 《定量包装商品计量监督管理办法》

此件为复印件,经核对与原件一致。
当事人(签名):万××
执法人员(签名):刘× 华××
日期: 2013年6月13日

Q/TOEX 02-2012

3 技术要求

3.1 感官要求：色泽一致、无发霉、无发酵、结块及异味、异嗅。

3.2 水分：<10.0%

3.3 质量加工指标

3.3.1 成品粉碎粒度：禽用复合预混合饲料为粉料。全部通过1.25mm(16目)编织筛，0.06mm(30目)编织筛筛上物≤10.0%。

3.3.2 混合均匀度：混合应均匀，经测试后其均匀度之变异系数（CV）<7.0%

3.4 卫生指标：卫生指标见表1

表1 卫生指标 （每千克饲料中含）

项 目	指 标	备 注
砷	≤ 10 mg	
铅	≤ 40 mg	在配合饲料中以1%添加量计
氟	≤ 1000 mg	
沙门氏杆菌	不得检出	
违禁添加物质	不得检出	

3.5 主要成分指标：

3.5.1 添加量为5%的禽用复合预混合饲料见表1。

表1 5%禽用复合预混合饲料主要营养成分指标 （每千克预混合饲料中含）

项 目	肉用仔鸡复合预混合饲料		产蛋后备鸡复合预混合饲料		蛋鸡产蛋期复合预混合饲料
	前期	中后期	前期	后期	产蛋期
	JR51	JR52	JD51	JD52	JD53
VA(万 IU)	15-35	12-18	12-35	12-18	12-18
VD₃(万 IU)	4.4-9.0	3.0-9.0	4.5-9.0	4.5-9.0	4.5-9.0
VE(IU) ≥	300	240	200	200	200
VK₃(mg) ≥	30	20	20	20	20
VB₁(mg) ≥	40	30	25	25	25
VB₂(mg) ≥	100	70	70	70	70
VB₆(mg) ≥	40	25	40	40	40
VB₁₂(mg) ≥	0.30	0.20	0.20	0.20	0.20
生物素(mg) ≥	1.0	0.6	0.35	0.35	0.35
叶酸(mg) ≥	150	100	100	100	100
烟酰胺(mg) ≥	450	300	350	350	350
D-泛酸钙(mg) ≥	150	100	100	100	100
蛋氨酸(g)	10-32	10-22	8-26	5-15	12-40
铜(g)	0.1-0.6	0.1-0.6	0.1-0.6	0.1-0.6	0.1-0.6
铁(g)	1.5-5.0	1.5-5.0	1.0-10.0	1.0-10.0	1.0-10.0
锌(g)	1.3-2.8	1.3-2.8	1.5-2.8	1.5-2.8	1.5-2.8
锰(g)	1.3-2.8	1.3-2.8	1.5-2.8	1.5-2.8	1.5-2.8
碘(mg)	2-180	2-180	2-90	2-90	2-90
硒(mg)	4.0-9.0	4.0-9.0	4.0-9.0	4.0-9.0	4.0-9.0
钙(g) ≥	120	120	120	120	120
总磷(g) ≥	30	28	30	28	30
食盐(g)	35-90	35-90	35-90	35-90	35-90
药物，mg，休药期	硫酸粘杆菌素156杆菌肽锌400地克珠利20；7天	洛克沙胂800地克珠利20；5天	粘杆菌素160杆菌肽锌400地克珠利20；7天	粘杆菌素120杆菌肽锌400地克珠利20；7天	杆菌肽锌400

注：药物饲料添加剂为防药物抗药性的产生，药物交替使用具体用药见标签。药物饲料添加剂按农业部有关畜禽药品使用……

经本人核对无误，证明与原件一致。

当事人（签名）：不××

×榜××

日期：2013年6月31日

動物衛生監督執法案例示範與評析

Q/TOEX 02-2012

表2 4%禽用復合預混合飼料產品成份分析保證值 （每千克產品中含）

項目名稱	蛋雞育雛期	蛋雞育成期	蛋雞產蛋期	肉雞前期	肉雞中期	肉雞後期
	JD41	JD42	JD43	JR41	JR42	JR43
VA, KIU	227-245	182-245	216-245	192-245	165-245	135-245
VD3, KIU	74-125	59-125	63-125	50-125	42-125	36-125
VE≥, mg	300	225	275	375	225	175
VK3, mg	67.5-120	55-120	64.2-120	67.2-120	55-120	50-120
VB1≥, mg	27.5	22	23	24.3	20.5	17.6
VB2≥, mg	162.5	130	136.2	176.2	147.5	126.2
VB6≥, mg	87.2	69.7	73.2	88.5	74.2	63.7
VB12≥, mg	0.32	0.26	0.3	0.32	0.27	0.23
煙酸≥, mg	757.5	606.2	636.2	875	735	630
泛酸鈣≥, mg	278.7	223.7	235	245	206.2	176.2
葉酸≥, mg	24.8	19.8	20.8	24.8	20.8	17.8
生物素≥, mg	2.7	2.1	2.5	2.5	2.08	1.78
氯化膽鹼≥, mg	10950	9950	11700	13390	12450	9950
銅, mg	212-870	212-870	212-870	212-870	212-870	212-870
鐵, mg	2145-18700	2145-18700	2145-18700	2145-18700	2145-18700	2145-18700
鋅, mg	2315-3700	2315-3700	2315-3700	2315-3700	2315-3700	2315-3700
錳, mg	2193.7-3700	2193.7-3700	2193.7-3700	2194-3700	2194-3700	2194-3700
碘, mg	31.7-120	31.7-120	31.7-120	31.7-245	31.7-245	31.7-245
硒, mg	7.5-12	7.5-12	7.5-12	7.5-12	7.5-12	7.5-12
鈣, %	14.7-31.6	15.0-32.1	13.6-29.2	12.7-27.2	14.0-30.0	14.6-31.2
磷≥, %	5	2.3	2.5	5	3	3
食鹽, %	4.6-10.0	5.0-10.0	5.0-10.0	4.2-9.2	5.0-10.0	5.0-10.0
植酸酶≥, U	-	12500	7500	-	12500	12500
藥物, mg; 休藥期	粘桿菌素195 桿菌肽鋅500 地克珠利25；7天	粘桿菌素195 桿菌肽鋅500；7天		桿菌肽鋅500 粘桿菌素195 地克珠利25；7天	洛克沙胂1000 地克珠利25；7天	

200

Q/TOEX 02-2012

表3 3%、5%禽用复合预混合饲料产品成分分析保证值 （每千克产品中含）

项目名称	3%蛋鸡产蛋期	5%种鸡产蛋期	5%蛋鸡产蛋期	5%蛋鸡产蛋期
	JD33	JZ53	JD53-1	JD53B
V_A, KIU	289-330	224-260	173-195	173-195
V_{D3}, KIU	84-165	59-95	50-95	50-95
$V_E \geqslant$, mg	375	1100	225	225
V_{K3}, mg	86-160	70-95	51.4-95	51.4-95
$VB_1 \geqslant$, mg	30.7	25	18.4	18.4
$VB_2 \geqslant$, mg	182	130	109	109
$VB_6 \geqslant$, mg	97.7	60	58.6	58.6
$VB_{12} \geqslant$, mg	0.4	0.29	0.24	0.24
烟酸$\geqslant$, mg	848	653	509	509
泛酸钙$\geqslant$, mg	313	230	188	188
叶酸$\geqslant$, mg	27.9	20	16.7	16.7
生物素$\geqslant$, mg	3.4	4	2	2
氯化胆碱$\geqslant$, mg	15600	10956	9360	9360
铜, mg	283-1155	169-695	170-695	170-695
铁, mg	2860-24750	1716-14800	1716-14800	1716-14800
锌, mg	3086-4950	1852-2950	1852-2950	1852-2950
锰, mg	2925-4950	1755-2950	1755-2950	1755-2950
碘, mg	42.3-160	25-195	25.4-95	25.4-95
硒, mg	10.0-16.5	5.9-9.8	6-9.8	6-9.8
钙, %	12.3-26.3	9.8-21.0	10.9-23.4	10.9-23.4
磷$\geqslant$, %	3	2.9	2	2
食盐, %	8.0-17.3	4.8-10.5	4.8-10.5	4.8-10.5
植酸酶$\geqslant$, U	10000	6000	6000	6000
药物, mg/休药期				

Q/TOEX 02-2012

3.6 载体：沸石粉，统糠。

3.7 净含量指标

定量包装，净含量误差应符合国家质检局（2005）第75号令《定量包装商品计量监督管理办法》执行。

4 试验方法

4.1 取样

4.1.1 样品制备

用四分法将原始样品浓缩至500g，再粉碎至全通过0.5mm（40目）试验筛，再用四分法浓缩至200g，放入磨口瓶内，贴上标签，置于阴凉、干燥处待检。

4.1.2 样品储备

取好的样品备一份留样，统一编号、登记备案后，放在样品室常温下保存，并保存到有效期后1个月。

4.2 检验方法

4.2.1 感官：目视、鼻嗅、手感。

4.2.2 标签：目测。

4.2.3 成品粒度：按GB/T 5917规定执行。

4.2.4 水分：按GB/T 6435规定执行。

4.2.5 钙：按GB/T 6436规定执行。

4.2.6 磷：按GB/T 6437规定执行。

4.2.7 食盐：按GB/T 6439规定执行。

4.2.8 混合均匀度：按GB/T 10649规定执行。

4.2.9 砷：按GB/T13079规定执行。

4.2.10 铅：按GB/T13080规定执行。

4.2.11 氟：按GB/T13083规定执行。

4.2.12 碘：按GB/T 13882规定执行。

4.2.13 硒：按GB/T 13883规定执行。

4.2.14 铜、铁、镁、锰、钾、钠和锌：按GB/T 13885规定执行。

4.2.15 维生素B₁：按GB/T 14700规定执行。

4.2.16 维生素B₂：按GB/T 14701规定执行。

4.2.17 维生素B₆：按GB/T 14702规定执行。

4.2.18 胆碱：按GB/T 17481的规定执行。

4.2.19 d-生物素：按GB/T 17778规定执行。

4.2.20 维生素E：按GB/T 17812规定执行。

4.2.21 烟酰胺、叶酸：按GB/T 17813规定执行。

4.2.22 维生素A：按GB/T 17817的规定执行。

4.2.23 维生素D₃：按GB/T 17818的规定执行。

4.2.24 维生素B₁₂：按GB/T 17819的规定执行。

4.2.25 泛酸：按GB/T 18397的规定执行。

4.2.26 赖氨酸、蛋氨酸、粗蛋白质：按GB/T 18868的规定执行。

4.2.27 维生素K₃：按GB/T 18872的规定执行。

4.2.28 金霉素：按GB/T 19684规定执行。

4.3 净含量(净重)：

取出包装物后所秤产品的重量即为净含量，按JJF1070-2005规定执行。

5 检验规则

5.1 本产品由公司质检机构按规定进行检验，检验合格后，方可出厂。合格产品应附带加盖合格检验章的产品标签。

Q/TOEX 02-2012

5.2 组批与取样

5.2.1 同一配方连续生产24h的量为一批，不足24h，按24h计算。

5.2.2 取样

按每批堆袋桩脚随机从上、下、左、右不同方位和层次用取样器抽取，在不小于√总包数/2 的包数中取总量1kg样品。

5.3 检验项目

5.3.1 出厂检验项目

钙含量、感官指标、水分、成品粒度、净指标含量为每批产品出厂必检项目。

5.3.2 定期检验项目

铅、铜、维生素A和砷含量为每季度检测一次；其他维生素、微量元素、卫生指标、蛋氨酸、混合均匀度每半年至少检测一次。

5.3.3 型式检验

正常生产时，型式试验每年一次。在下列情况下必须进行型式检验：

a) 新产品鉴定时；

b) 原料、配方、生产工艺有重大变化时；

c) 主设备大修后再生产；

d) 国家质量监督检验机构型式检验要求时。

型式检验样品必须从合格产品中随机抽取，在不小于√总包数/2 的包数中取总量为1kg样品，检验项目为本标准全部技术要求。

5.4 判定规则

5.4.1 一旦检出添加违禁物质，则判该批产品为不合格产品。

5.4.2 如产品已霉烂变质，或有明显的结块和异味，或经检验产品中含有一项卫生指标不符合，则该批产品判为不合格产品。

5.4.3 感官指标、成品粒度、水分、混合均匀度、钙、总磷、食盐、各类维生素、微量元素、氨基酸等指标在检验中如有不合格项目，允许对该项目进行复检，经复验该项仍不合格即判定该批产品为不合格。

6 标签、包装、运输、贮存

6.1 标签

应符合GB 10648规定。

6.2 包装

6.2.1 包装材料

包装为三合一珠光膜或纸塑复合袋，包装规格净含量2 kg/袋、4 kg/袋、15kg/袋、20kg/袋、25kg/袋、30kg/袋。

6.2.2 规格

定量包装，添加量为5%的禽用复合预混合饲料25kg/袋。添加量为4%的禽用复合预混合饲料20kg/袋，添加量为3%的禽用复合预混合饲料30kg/袋。

6.3 运输

运输严禁雨淋与日光暴晒，避免与容易造成污染的物品混运。

6.4 贮存

产品必须贮存于库房内并符合分类、分等贮存的要求。应储存于通风、阴凉、干燥处、谨防受潮变质，包装袋应离墙、离地堆放。

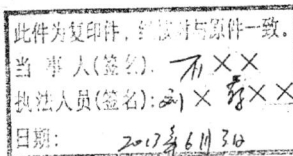

TOEX 02-2012

7 保质量、注意事项

7.1 保质期

在符合 6.3、6.4 的条件下,自生产之日起,保质期为 6 个月。

7.2 注意事项

开袋后尽快用完,否则应将袋口密封。

此件为复印件,此复印件与原件一致。
当事人(签名):万××
执法人员(签名):刘××　蔡××
日期:2013年6月3日

饲料标签

5%蛋鸡育雏期复合预混料 JD51
蛋鸡育雏期

生产许可证：饲预（2012）26××
产品批准文号：沪饲预字（2012）6235××

含有药物饲料添加剂
本产品符合饲料卫生标准
执行标准：Q/TOEX 02-2012

产品成份分析保证值 （每千克预混合饲料中含）

维生素A 182-195KIU	维生素B₆ ≥69.8mg	氯化胆碱≥8760.0mg	硒 6-9.8mg
维生素D₃ 59-95KIU	维生素B₁₂ ≥0.26mg	铁 1716-14800mg	铜 170-695mg	总磷≥3.8%
维生素E≥240.0mg	烟 酸≥606.0mg	铜170-695mg		
维生素K₃ 54-95mg	泛酸钙≥223.0mg	钾1852-2950mg	食盐 3.7-8.0%	
维生素B₁≥22.0mg	叶 酸≥19.9mg	镁1755-2950mg	水分≤10.0%	
维生素B₂≥130.0mg	生物素≥2.2mg	碘 25.4-95mg		

净含量：25Kg

原料组成

维生素A、维生素D、维生素E、维生素D、
B族维生素、氯化胆碱、硫酸铜、硫酸锌、
磷酸氢钙、石粉、蛋氨酸乙氧基喹啉（抗氧化剂）
沸石粉、稻壳粉（载体）等

沪港合作 上海××饲料有限公司

地址：上海市青浦区××公路××号
电话：021-5974××× 5974×××
传真：021-5974××× 邮编：201××
网址：//www.×××××××.com.cn

推荐使用配方

项 目	配合比例(%)					参考营养成分	
原料 阶段	玉米	小麦麸	豆粕	鱼粉	预混料JD51	粗蛋白(%)	代谢能(Kcal/kg)
育雏阶段	64	3.0	28	—	5.0	18.5	2950

药物饲料添加剂（每千克预混料中含量）：磺胺喹恶啉首盐160mg+杆菌肽锌400mg+速克球钠20mg
配伍禁忌：禁与碳酸氢钠等量、全氯素；上海蛋、喹乙醇、富钴胃类混用 注意；蛋鸡产蛋期禁用；休药期7天
注意事项：1、本产品不能直接饲喂。
2、配料时须混合均匀，打开包装后请尽快用完。
3、置通风干燥避光处保存。
4、粒体颜色略有变化不影响产品质量。

保质期： 6个月(于通风、干燥、避光处存放)
生产日期：

产品合格专用章

河村堂县松公司 5%蛋鸡育雏期复合预混料JD51 使用的饲料
标签。

石××

2013年6月18日

案件处理意见书

案由	涉嫌生产不符合产品质量标准的饲料案		
当事人	**名称** 上海××饲料有限公司	**法定代表人**	黄××
	地址 上海市青浦区××路××号	**电话**	5974××××

<table>
<tr><td rowspan="1">案件调查经过</td><td>

　　2013年5月27日收到上海市兽药饲料监督所案件移交单［编号：沪动卫信（2013）第18号］以及检验报告［编号：沪兽药饲检字（2013）第0541号］。在2013年上半年度上海市饲料产品抽检中，经上海市兽药饲料检测所检验判定，上海××饲料有限公司生产的"5%蛋鸡育雏期复合预混合饲料JD51"（批号20130223）砷超标，标准规定≤10毫克/千克，检验结果为14.3毫克/千克，检品卫生指标项目砷的检验结果不符合《饲料卫生标准》（GB13078－2001）规定的要求。

　　2013年5月30日青浦区农业委员会执法人员到位于上海市青浦区青松路128号的上海××饲料有限公司进行现场检查，制作了现场检查（勘验）笔录和询问笔录并送达了该批产品的检验报告，该企业总经理石××对检验结果无异议，并提供了相关记录和材料。执法人员对在该企业成品仓库中检查发现的该批产品库存40包（规格为25千克/包）合计为1000千克的产品采取了查封（扣押）的强制措施，执法人员制作了查封（扣押）现场笔录，出具了查封（扣押）决定书及查封（扣押）财物清单，并现场直接送达了上述文书，该企业总经理石××未提出陈述申辩。2013年6月3日青浦区农业委员会执法人员对石××进行了询问调查，制作了询问笔录。查明该批"5%蛋鸡育雏期复合预混合饲料JD51"（批号20130223）共生产1.5吨，销售价格2100元/吨，按销售价格计算该批产品货值金额为3150元。该批饲料在出厂销售前未做砷指标的检验。该批饲料于2013年2月28日销售给该企业江苏的经销商张××0.5吨，销售所得1050元，该批饲料库存现剩余40包，合计1吨。建议对经销商张××销售行为另立案处理。

　　至此，本案调查终结。
</td></tr>
<tr><td rowspan="1">所附证据材料</td><td>

1. 上海市兽药饲料监督抽查抽样单1份1页
2. 上海市兽药饲料检测所检验报告1份3页
3. 现场检查（勘验）笔录1份1页
4. 询问笔录2份8页
5. 查封（扣押）现场笔录1份1页
6. 生产记录复印件1份1页
7. 收料单复印件1份1页
8. 生产配方单复印件1份1页
9. 企业检验报告复印件1份1页
10. 药物饲料添加剂库存及使用日报表复印件1份1页
11. 产品留样观察记录复印件1份1页
12. 入库明细复印件1份1页
13. 销售发货单复印件1份1张
</td></tr>
</table>

所附证据材料	14. 销售明细复印件 1 份 1 页 15. 企业标准复印件 1 份 9 页 16. 饲料标签 1 份 1 张 17. 饲料生产许可证复印件 1 份 1 页 18. 企业法人营业执照复印件 1 份 1 页 19. 授权委托书 1 份 1 页 20. 黄××身份证复印件 1 份 1 页 21. 石××身份证复印件 1 份 1 页
调查结论及处理意见	当事人生产不符合产品质量标准（饲料卫生指标项目砷超标）的"5％蛋鸡育雏期复合预混合饲料 JD51"（批号 20130223）事实清楚、证据确凿。其行为违反了《饲料和饲料添加剂管理条例》第十八条"饲料、饲料添加剂生产企业，应当按照产品质量标准以及国务院农业行政主管部门制定的饲料、饲料添加剂质量安全管理规范和饲料添加剂安全使用规范组织生产"的规定。当事人虽然能配合执法人员对本案的调查，提供有关证据材料，但当事人未按照该企业"企业标准"的规定开展"砷"等项目的定期检验，导致了生产的饲料不符合产品质量标准，并出厂销售。依据《饲料和饲料添加剂管理条例》第四十六条第一款第（二）项"饲料、饲料添加剂生产企业、经营者有下列行为之一的，由县级以上地方人民政府饲料管理部门责令停止生产、经营，没收违法所得和违法生产、经营的产品，违法生产、经营的产品货值金额不足 1 万元的，并处 2 000 元以上 2 万元以下罚款，货值金额 1 万元以上的，并处货值金额 2 倍以上 5 倍以下罚款；构成犯罪的，依法追究刑事责任。（二）生产、经营无产品质量标准或者不符合产品质量标准的饲料、饲料添加剂的"的规定，责令当事人停止生产不符合产品质量标准的饲料，并拟作出如下行政处罚决定： 　　1. 没收违法所得 1 050 元；2. 没收违法生产的产品"5％蛋鸡育雏期复合预混合饲料 JD51"1 吨；3. 罚款 6 000 元。 　　　　　　　　　　　　　　　　执法人员签名：刘××　蔡×× 　　　　　　　　　　　　　　　　　　　　　　　　2013 年 6 月 5 日
执法机构意见	签名：施×× 　　　　　　　　　　　　　　　　　　　　　　2013 年 6 月 5 日
法制机构意见	签名：袁×× 　　　　　　　　　　　　　　　　　　　　　　2013 年 6 月 5 日
执法机关意见	签名：吴×× 　　　　　　　　　　　　　　　　　　　　　　2013 年 6 月 5 日

上海市青浦区农业委员会行政处罚事先告知书

青农（饲料）告〔2013〕3号

上海××饲料有限公司：

在2013年上半年度上海市饲料产品抽检中，经上海市兽药饲料检测所检验判定，你单位生产的"5％蛋鸡育雏期复合预混合饲料JD51"（批号20130223）砷超标，标准规定≤10毫克/千克，检验结果为14.3毫克/千克，检品卫生指标项目砷的检验结果不符合《饲料卫生标准》（GB13078—2001）规定的要求。2013年5月30日执法人员向你单位送达了该批产品的检验报告，你单位对检验结果无异议。经调查，该批饲料你单位共生产1.5吨，销售价格2100元/吨，货值金额3150元。该批产品在出厂销售前未做砷指标的检验，你单位也未按规定开展"砷"等项目的定期检验。该批饲料你单位已经于2013年2月28日销售了0.5吨，违法所得共1050元，现库存剩余1吨。

你单位生产不符合产品质量标准的饲料的行为违反了《饲料和饲料添加剂管理条例》第十八条的规定，依据《饲料和饲料添加剂管理条例》第四十六条第一款第（二）项的规定，本机关责令你单位停止生产不符合产品质量标准的饲料，并拟作出如下处罚决定：

1. 没收违法所得1050元；2. 没收违法生产的产品"5％蛋鸡育雏期复合预混合饲料JD51"1吨；3. 罚款6000元。

根据《中华人民共和国行政处罚法》第三十一条、第三十二条之规定，你单位可在收到本告知书之日起三日内向本机关进行陈述申辩，逾期不陈述申辩的，视为你单位放弃上述权利。

上海市青浦区农业委员会
2013年6月5日

执法机关地址：上海市青浦区青昆路165号
联系人：刘×　电话：5985××××

送 达 回 证

案　　由	涉嫌生产不符合质量标准的饲料案				
受送达人	上海××饲料有限公司				
送达单位	上海市青浦区农业委员会				
送达文书 及文号	送达地点	送达人	送达方式	收到日期	收件人签名
查封决定书 青农饲料封 (2013) 2 号	青浦区 ××路 ××号	刘× 蔡××	直接送达	2013 年 5 月 30 日	石××
查封财物 清单	青浦区 ××路 ××号	刘× 蔡××	直接送达	2013 年 5 月 30 日	石××
备　注					

送 达 回 证

案　　由	生产不符合质量标准的饲料案				
受送达人	上海××饲料有限公司				
送达单位	上海市青浦区农业委员会				
送达文书及文号	送达地点	送达人	送达方式	收到日期	收件人签名
行政处罚事先告知书 青农（饲料）〔2013〕3 号	青浦区 ××路 ××号	刘× 蔡××	直接送达	2013 年 6 月 5 日	石××
备　注					

送 达 回 证

案　　由	生产不符合质量标准的饲料案				
受送达人	上海××饲料有限公司				
送达单位	上海市青浦区农业委员会				
送达文书及文号	送达地点	送达人	送达方式	收到日期	收件人签名
行政处罚决定书青农（饲料）罚〔2013〕3号	青浦区××路××号	刘×蔡××	直接送达	2013年6月14日	石××
备　　注					

5 - d
1003395718

非税收入一般缴款书（回单）4   1003395718

执收单位名称：上海市青浦区农业委员会　　　　　　　执收单位编码：
限缴日期：2013-06-29　填制日期：2013-06-14　　　　组织机构代码：

付款人	全　称	上海XX饲料有限公司				收款人	全　称	上海青浦区财政局（金库）
	帐　号						帐　号	
	开户银行						开户银行	农中支行

金额(大写)：贰仟零伍拾元整					(小写) 2050.0	
收入项目编码	收入项目名称	单位	数量	收费标准		额
501099	罚没款收入	元	1	1050.00		1,050.0
501099	其他一般没款收入	元	1	1000.00		000.0
滞纳金(逾期每天 ‰) 30‰						
总　计						
总计金额(大写)						

单位主管	会计	复核	记帐	上列款项已收妥并划转收款单位帐户
				银行盖章
				复核员　记帐员　出纳员　年　月　日

注：　第五联执收单位与收款银行同时盖章有效。

罚没物品上缴凭证

　　根据上海市青浦区农业委员会《行政处罚决定书》第210201300×号的处罚决定，收到当事人上海××饲料有限公司缴来的"5%蛋鸡育雏期复合预混合饲料 JD51"（批号 20130223）1 吨，规格 25 千克/包，共 40 包。

上海市青浦区农业委员会
执法大队
2013 年 6 月 20 日

当事人签名或盖章：万×× 2013年6月20日.

经办人员签名或盖章：王×× 蒋××

行政处罚结案报告

案　由	生产不符合产品质量标准的饲料案		
当事人	上海××饲料有限公司		
立案时间	2013 年 5 月 30 日	处罚决定送达时间	2013 年 6 月 14 日

处罚决定及执行情况：

　　1. 没收违法所得 1 050 元；2. 没收违法生产的产品"5％蛋鸡育雏期复合预混合饲料 JD51"1 吨；3. 罚款 6 000 元。

　　当事人已于规定期限内将罚没款缴至指定银行，将没收的违法生产的产品上缴。

　　行政处罚已执行完毕，拟结案。

执法人员签名：刘× 蔡××

2013 年 6 月 21 日

执法 机构 意见	签名：施×× 2013 年 6 月 21 日
法制 机构 意见	签名：袁×× 2013 年 6 月 21 日
执法 机关 意见	签名：吴×× 2013 年 6 月 21 日

卷 内 备 考 表

本卷情况说明

　　本案卷执法文书及相关证据材料归档完整，符合要求。

立卷人	蔡××
检查人	刘×
立卷时间	2013.6.25

备注：
本案卷编辑人员：夏永高　张杰

图书在版编目（CIP）数据

动物卫生监督执法案例示范与评析 / 李卫华，张衍
海主编 . —北京：中国农业出版社，2017.10（2018.2 重印）
ISBN 978 - 7 - 109 - 23157 - 3

Ⅰ.①动… Ⅱ.①李… ②张… Ⅲ.①动物防疫法-
行政执法-案例-中国②兽医卫生检验-行政执法-案例
-中国 Ⅳ.①D922.45②D922.115

中国版本图书馆 CIP 数据核字（2017）第 150343 号

中国农业出版社出版
（北京市朝阳区麦子店街 18 号楼）
（邮政编码 100125）
责任编辑 肖 邦

北京万友印刷有限公司印刷 新华书店北京发行所发行
2017 年 10 月第 1 版 2018 年 2 月北京第 2 次印刷

开本：889mm×1194mm 1/16 印张：14
字数：360 千字
定价：60.00 元
（凡本版图书出现印刷、装订错误，请向出版社发行部调换）